Tintenfrische

17 ausgewählte Texte der jüngsten
aufstrebenden Slam Poeten

Prosa bei Lektora

Bd. 36

Philipp Herold (Hrsg.)

Tintenfrische

17 ausgewählte Texte der jüngsten
aufstrebenden Slam Poeten

Lektora

Lektora, Paderborn

Erste Auflage 2012

Alle Rechte vorbehalten
Copyright 2012 by

Lektora GmbH
Karlstraße 56
33098 Paderborn
Tel.: 05251 6886809
Fax: 05251 6886815
www.lektora.de

Druck: docupoint, Magdeburg
Covermotiv: Markus Freise
Covermontage: Markus Freise
Lektorat: Lektora GmbH u. Carina Middel
Layout Inhalt: Lektora GmbH

Printed in Germany

ISBN: 978-3-938470-90-9

Vorwort

von Sebastian 23 und Philipp Herold

In den letzten Jahren ist die U20-Slam-Szene rasant gewachsen und hat mehr Talente hervorgebracht, als Lars Ruppel Dioptrien auf den Augen hat. Trotzdem höre ich immer wieder Zeitgenossen, die unken, dass die junge Generation keine Ideen habe und viel zu angepasst sei. Ich erlebe das genaue Gegenteil: Man braucht den Leuten oft nur einen Zettel, einen Stift und ein Mikro zu geben und schon sprudelt es nur so aus ihnen heraus. Wie will man sonst auch ihre Stimme hören, wenn man sie nichts sagen lässt?

In diesem Buch sind die besten Texte aus der jungen Slam-Szene vereint, hier kann man auf einem Fleck finden, was auf den Bühnen dieses Landes kundgetan wird. Ein Mosaik, gewiss. Zudem ein Wagnis, Bühnentexte auf Papier zu fesseln.

Doch schwerlich findet man so komprimiert wie hier die Gedanken junger Dichter, die den Elfenbeinturm links liegen lassen und stattdessen auf die Bühne steigen, um gehört zu werden. Und das mit Recht.

Eine der schönsten Sachen daran ist für mich, dass dieses Buch nicht von außen aufgezwängt wurde, sondern aus der Szene selbst entstanden ist!

Sebastian

Als Pate für dieses jugendliche Poesiealbum kam für mich sofort Sebastian in Frage. Er kann einfach super mit Kindern umgehen. Abgesehen davon war er erfreut von der Idee, dirigierte hin und wieder tänzelnd im 3/4-Takt das Vorgehen zum Herausbringen eines scheinbar solch wilden Wagnisses und stand stets mit weisem Rat zur Seite. (Wie immer.)

Frische Tinte braucht das Land. Und da mir irgendwie immer klar war, wie gefühlvoll, gewaltsam und doch gezielt diese inzwischen auf die Blätter junger Slam Poeten tropft, suchte ich sensibel nach den besonders guten Gedichten und Geschichten meiner gleichaltrigen Mitstreiter und Wegbegleiter. Und fand sie. In diesen ausgewählten Texten.

Wir setzen uns auseinander mit uns selbst, dem, was uns umgibt und bewegt. Ob fröhlich, fragil, fragend, frivol, fruchtig oder gar frenetisch. Diese siebzehn Texte handeln von Identität, beschäftigen sich mit den Gefühlen einer Generation und sind dabei voll von Poesie.

Dieses Buch ist ein Sammelsurium junger Autoren, von Zürich bis nach Kiel. Gendergerecht verteilt, wie könnte es anders sein. Eine Kollage impulsiver Freidenker, die heute schon Dichter von morgen sein können. Habt viel Vergnügen beim Eintauchen in die Tintenfrische unser Gedanken und fühlt nach, was die jüngsten deutschsprachigen Slam-Poeten zu sagen haben!

Philipp

Inhalt

Fatima Moumouni
Poesie, Schwerelosigkeit,
Vögeln und Größenwahn 11

Rasmus Blohm
Verfall 19

Sophie Passmann
Daheim 25

Alex Meyer
45 Sekunden – Hoffnungslos daneben 33

Josefine Berkholz
Kontur 41

Philipp Herold
abreisen 47

Hazel Brugger
Wie es geht 55

Tobias Gralke
Zeichensprache 61

Meral Ziegler

Warum ich auf einer Bühne stehe? 69

Matthias Rosenthal

Sternenkind und Weltenmann 75

Friederike Schmid

Soziopathie für Anfänger 81

Nino Seiler

Bedrucktes Papier 87

Leonie Mühlen

Verlaufen 95

Jan-Philipp Zymny

Henry Frottey I: Mord in the Jugendherberge 101

Lisa Christ

Generation Hirntot 107

Robin Isenberg

Gib mir einen Grund, der mich hier halten kann 113

Julia Balzer

Ein Text für alle Weltverbesserer
– also vor allem für mich 119

Anmerkung:

Da es sich bei den nachfolgenden Texten um Spoken Word handelt und maßgeblich der Auftritt dem Text seine Form verleiht, erfolgte das Lektorat für diese Sammlung mit sanfter Hand.

Fatima Moumouni

aus München
Slam-Geburtstag: 26.11.10 (München)
Lieblingstier: Tiger

(Foto: i,slam)

Poesie, Schwerelosigkeit, Vögeln und Größenwahn

Ich. bin. high.
Mmmmhh, ich fliege!
Ich. fliege, weil ich weiß, wie man Flügel schwingt.
Und ich singe, weil ich weiß, dass jeder Vogel singt.
Ich bin ein Vogel, weil ich weiß,
Dass nur Vögel oben sind.
Und wenn ich wein, dann nur, weil Freudentränen
Gute Drogen sind.

Erst suchte ich am Boden Sinn,
Doch da gibt's nur Körner zu picken,
Ich will mich am Leben erquicken,
Lass mich vom Leben nicht ... unterkriegen!
Ich will schweben nicht untergehn.

Ich will überhaupt nicht gehen! Ich will fliegen.
Und ich bin, wer ich will,
Ich werd die Realität besiegen
Und mein Redefluss wird nie versiegen
Und die Sterne werden sich
In mein Geschwafel verlieben
Und die Wolken auch
Und wenn die Schmetterlinge im Bauch
Des Himmelskörpers meine Wörter,
Meine Silben umschwärmen …

Dann ist Sommer!
Und gibt es Donner,
Schlag ich den Takt zu seinem Beat
Und das Drecks-Unwetter wird
(Beatboxelemente [Donner]) zu einem Lied
(Beatboxelemente [Donner, scratchen])
Zu meinem Lied
Und ich zwitscher zwischen Zeit und Raum
Du siehst mich auf den Baum runterscheißen
Und Weichen bauen
Benutz die Sonne, weil ich einfach
Gute Zeiten brauch
Und bevor ich mir 'ne Zeitung kauf,
Bin ich lieber drauf
Von Worten, Sätzen, Gedichten,
Die ich mir einspritz', bis ich dicht bin.
Und sie nehmen ihren Lauf
In meinen Venen
Wollen nicht mehr aufhör'n zu erzählen.

Oh, du staunst
Als ich dir den dicksten Joint
Mit Silben zusammenbau
Saugst meine Worte auf, schluckst
Rauchst meine Message – wow
Du siehst Farben, nie mehr grau –
Mein *Konstrukt*
Schreibt mich in *Lexikons druckt*
Meinen Namen überall
Auf Plakaten auch im All.

And the sky is not the limit
Sieh meine Fußstapfen auf dem Mond
Und ich bin es, die in Träumen wohnt
Und ich will alles, auch den Thron
Schreibt mich ins Guinnessbuch der Rekorde
Weil ich fliegen kann
Flieg mit mir an die schönsten
Fjorde, Buchten, jeden Strand,
Dahin, wo jeder Mensch mit Flügeln fliehen kann.

Ich fliege.
Und ich atme Luft, die noch kein Mensch
Im Mund gehabt hat
Und ich träume mit offenen Augen, ich schaff das
Denn manchmal sind Träume so wahr
Ich kann träumen, sodass ich nicht mehr
Zu Fuß gehen muss
Ich werd' scheue Illusionen wecken
Und die Treue brechen
Zu dem Boden auf dem ich geh.
Ich bin da oben, sag „Ade!"
Zu dem Weg, den die Raupe geht:
Kriechen, ausweichen, nein, nein, nichts für mich,
Ich mach den Mund auf und stell mir selbst
Die Weichen.

Und ich red übers Reden,
Ich werd die Realität überreden,
Meinen Träumen was abzugeben – Bääm!

Und Poesie ist mein Sprachrohr
Und ich kotze hinein
Das mag zwar widerlich sein,
Aber mir ist kein anderer Weg bewusst, laut zu sein.

Ich hab versucht zu schreien,
Ich hab versucht zu weinen
Ich dacht, das Leben ist ein Boxring,
Also boxte ich hinein!
Doch meine Punchlines sind effektiver
Iss meine Worte, es ist Lunchtime, kleiner Piepmatz
Sing meine Lieder!

Denn alle Taten sind verschwendet
Der Sinn wurde entwendet
Doch längst noch nicht alle meine Worte verwendet.
So setze ich Taten in Worte um,
Bin nicht mehr tatkräftig,
Sondern nur meiner Worte mächtig
Ich belaber die Welt, das Resultat ist prächtig
Meine Worte sind schwanger, wirkungsträchtig:
Sie gebären ein Lächeln, wirklich, echt, ich
Ich klotze nicht klein, ich bin ein Großklotz,
Ich mein Großkotz
Wenn ich rhyme
Kann ich sein was ich will.
Ich kann sein was ich will!
Alles – nur nicht still.

Mal bin ich 'ne Blume und trink nur noch aus Vasen
Dann bin ich ein Baum,
Stell mich mit grünen Haaren auf den Rasen
Während du du bist
Und nur träumen kannst beim Schlafen,
Ruf ich dir zu, du musst warten auf dem Bahnhof,
Bis du siehst, der Traumzug fährt ein.

Und ich will Zugpferd sein, wenn der Ernst
entgleist
Doch du drehst deine Karten – „Ass oder Muster?
Ass oder Muster?"
Ich sag: „Nimm den Zug,
Ansonsten ist nur der Raupenbus da."

Und jede Raupe wird als Wurm sterben.
Außer, sie träumt davon, ein Vogel zu werden:
Schmetterling.

Ich fliege.
Und auch, wenn ich manchmal an Strommasten
Vorbeischramme – „Aua!" –
Ist es schon krass, wie weit ich komme.
Du staunst, was ich geschafft hab,
Ist mehr als du kennst, denn
Wenn man lacht, dann redet man nicht
Über Grenzen.
Und ich lache, schau mich an, ich bin da oben,
Riesig groß mit Hut
Und falls du's nicht gemerkt hast,
Ich red nicht über Drogen,

Ich red über die Wut
Über 'ne Welt, die nicht mehr träumen kann,
Über jeden Vogel, der nicht echt lachen, nur echt
Heulen kann.

Und ja. Vielleicht bin ich nicht so groß,
Vielleicht bin ich kein Vogel am Singen.
Doch was sind Größen für mich?
– Es sind Leute, die Freude bringen.
Weil all die Leute im Fernseher
Für mich keine Größen waren,
Bin ich nun im Größenwahn.
Und
Ich. bin. high.
Ich fliege. ich fliege. ich schwör's dir, ich fliege!
Huuiiihhh!

Bin ich allein?

Rasmus Blohm

aus Kiel
Slamgeburtstag: 25.08.09 (Hamburg)
Lieblingsfarbe: Anthrazit

(Foto: Jens Henkenius)

Für alle Menschen, die irgendwann mal sterben
Und für diejenigen, die schon zu Lebzeiten so aussehen.

Verfall

1

Vorbei an barocken Fürstenbaracken
Die im Prunk-Sumpf vergangener Tage versacken
Rinnt die Zeit wächsern vom Flachdach
Und tropft als Spuckefaden auf Häuserfassaden
Die in den Schatten wie Spatzen
Im Morastwasser baden
Vor deinem Fenster verläuft einsam
Ein Kreisverkehr
Von den staubigen Lauben der Kleingärten her
Zieht herbstgetränke Wehmut Schlieren am Himmel
Und unter den weißen Tapeten wartet der Schimmel
Stocksteif ruht Raureif auf dem, was vom Sommer noch übrig bleibt und

So dauerschleift der ewig gleiche Plattensampler durch die Köpfe
Früher war alles besser
Früher war alles besser – resseb sella – alles besser.

Als sich im Rügenwald die Mühlen drehten,
ohne Pilawa und sein Wurstgesicht davor

Als Julian Assange selbst noch nicht wusste,
wie man seinen Namen ausspricht
Damals, als man vor Stalingrad von Klimawandel
nur träumen konnte

Fuck Penicillin! An jedem Schnupfen sterben
nenn' ich natürliche Auslese.
Als Geschlechtskrankheiten noch Luxus für
Menschen waren, die über 20 Jahre alt wurden
Ja, zu Mozarts Zeiten war Hip-Hop
zumindest noch real
Mal im Ernst: Nostalgie ist der Prostatakrebs der
Gefühle

Früher war alles genauso
Nur mit mehr Krieg und mehr Hunger

2

Nimm Zigaretten, Make-Up und Speck
Form eine Frau draus
Du siehst so verbraucht aus
Wie eine alternde Diva
In den Armen von Wodka-Antidepressiva
Deine Schenkel ähneln Pekings Straßenbahnnetz
Wie Fallobst, das sich auf dem Kompost zersetzt
Wurdest du Opfer der Schwerkraft
Dein Gewebe ist trotz Nivea nicht wehrhaft
Alles sitzt nunmehr schrumplig statt prall
Du bist Verfall!

Den Seniorenausweis nutzt du als Backstagepass
Kriegst im Bus und im Puff kräftig Preisnachlass
Du bist eingefleischter Museumsgänger
So verstaubt wie die Sammlung
Nur schon deutlicher länger
Du bist Verfall!

Selbst wenn Mami dich noch im Wagen schiebt
Eitelkeit ist ein schäbiger Tagedieb
Nicht mehr lange
Bis sich an meine Wange die erste Made schmiegt

Ich bin Verfall.

Im Dämmerlicht der Dekaden schlummert mit
Halbleerem halbvollem Magen
Vergänglichkeit in den Ecken
Dort, wo schwelgend Erinnerung aus der
Dachluke trieft
Wo es schauderhaft nach bürokratischem
Fachjargon mieft
Wo Vernunft klaustrophobisch
Am Fenstersims kauert
Wo man memmenhaft nutzlose Vorwände mauert

„Och, die Marmelade ist nicht schlecht.
Das kann man abkratzen."
„Ich war reich und brauchte die Jugend."
„Also mit der D-Mark hätt's die Eurokrise nicht
gegeben."

Wenn Bärchenwurst echtes Fell bekommt –
dann ist sie wirklich schlecht.
Wenn man im Kino nicht mehr nach deinem
Ausweis fragt, sondern nach der Lebenserwartung,
weil der Film Überlänge hat –
dann bist du wirklich alt.

So schwelgt die Welt in Selbstmitleid
Über längst vergangene Zeit

Zeit fügt Ihnen und den Menschen in Ihrer
Umgebung erheblichen Schaden zu.
Zeit lässt ihre Haut altern.
Zeit kann zu einem langsamen und schmerzhaften
Tod führen.
Zeit in der Schwangerschaft schadet Ihrem Kind.

3

Wer nur wehmutsgeschwängert über gestern seufzt
Wem der Lebenssaft sabberhaft
von den Lefzen läuft
Wer sehnsuchtsvoll in den Lebenslauf schnäuzt
Und gedankenvernebelt ins Retro entfleucht
Ist eigentlich schon ... gestorben.

Manchmal wünsche ich,
es gäbe weniger Contenance
Endlich leben im Trieb und Lieben in Trance
Statt trockenem Brot mal vom Kuchen probiern
Jede Logik und Sinn in der Versuchung verliern

Und ist jede Erinnerung auch schwach und
verderblich
Für diesen Moment ... sind wir ... unsterblich

Solltest du zum Augenblick wie Faust einst sagen:
„Verweile doch! Du bist so schön!"
würde ich an deinem Verstand
durchaus Zweifel haben
Aber dir auf ähnliche Weise Gleiches sagen

Solange Opi wie Jopi durchs Leben heestert
Und du nicht von einem Tag zum nächsten hastest
Ab und an mal stehen bleibst,
ehe der Moment zerfließt
Und die Schönheit des Lebens tatsächlich genießt

Sophie Passmann

aus Münchweier ♥
Slam-Geburtstag: 29.11.09 (Freiburg)
Lieblingsfrucht: Wurst

(Foto: Maurice Korbel)

Daheim

1

Wie Bindfäden
regnet uns das Leben auf den Kopf.
Damit wir bloß nicht an 'ner Überdosis sterben.
Damit wir bloß nicht welche von denen werden,
die am ersten Mai mit Steinen schmeißen.
Weil wir verstanden haben, dass Revolutionäre für
gewöhnlich das Ruder nicht dadurch rumreißen,
dass sie jeden Monat die Neon kaufen.
Che Guevara
trug Pastell.
Und der hat Kuba nicht mit Bilderrätseln befreit.
Kein Kranker dieser Welt wurde je mit unnützem
Wissen geheilt.
Stell dich auf die Straße, du mit deinen Werten, du
wirst sehen, der wütende Mob trägt St. Pauli.
Und nicht Hornbrillen ohne Sehstärke.
Ohne die sieht man ein, dass Strobolichter im
Gesicht nur in Nachtclubs wie blaue Augen von
Schlägereien aussehen.
Wir hauen uns nicht.
Um nichts.
Und niemand hält uns auf beim Untergehen.
Wir sitzen alle im selben Boot – der MS Saufen.
Und schütten Aspirin Complex, weil die letzte
Nacht mal wieder *härter als hart* war.

Und tagsüber
Stunden wie Langspielplatten
und keine einzige hörbare Hook.
Und tagsüber
Augen voller Schatten, wir fangen mit nichts an
und finden doch keinen Schluss.
Wir schreiben nur in zweiter Auflage,
denn erste Worte fallen uns schwer.
Wenn man fragt, wer wir sind, sag ich nur, wer ich
lieber wär.
Ich schneide mich selbst an Kreide
und schreibe weiß an Häuserwände:

Sag mir, wo sind wir zu Hause?
Wo sind wir daheim?
Leuchten all die Lichter
vielleicht doch nur zum Schein?

Wir feiern unser Dasein.
Hart.
Weil außerhalb des Klangradius dieser viel zu
lauten Anlage das Leben doch im Sterben liegt.
Fuck yeah.
Generation Schlingensief.
Nur dass wir noch leben –
und niemand Witze drüber macht.
Denn wir haben versäumt, Geschichte zu schreiben.
Wir haben versäumt, Leute aufzutreiben, die sich
aus dem fadenscheinigen Licht der Szenekneipe
in die weite Welt stellen.

Unsere Coco Chanel:
H&M.
Unser Bert Brecht:
Helene Hegemann.
Unser Jack the Ripper:
Kachelmann.
Wir schaffen MTV zwar weg, behalten aber Joko
und Klaas.
Unser Jesus Christus:
Steve Jobs.
Unser kommunistisches Manifest:
Top of the Pops.
Unser Woodstock:
Rock am Ring.
Und moderiert wird's von Joko und Klaas.
Das war's.
Janis Joplin ist tot.
Und ich akzeptiere nicht, dass unsere heutige
Lady Gaga ist.

2

Ich entlasse dich.
Geh.
Geh!
Nach Australien.
Australien – der einzige Kontinent, der von jedem
Abiturjahrgang der Welt besucht wird.
Weil der Hautkrebs so schnell heilt!
Geh und schreib mir 'ne Karte.
Und sag mir:

Sind die Hostels jetzt anders als in Deutschland?
Themenzimmer und Aufenthaltsraum?
Heimwehgewimmer und ein mehr oder minder
brauchbarer Pillentraum?
Und diese kleinen süßen Sorgenpuppen
von diesen kleinen süßen Ureinwohnern.

3

Setz dich hin, zieh dich aus, pack dich an.
Alles, hinter dem du dich verschanzt, dass
der Himmel voller Geigen hängt und du
Orchestermusik nicht leiden kannst.
Frag von Platon bis Kant alle, alle werden sie dir
sagen, dass wir durch und durch scheiße sind.
Und dass wir selber Schuld haben.
Auf den Dächern, unter denen wir uns jede Nacht
das Hirn wegsaufen,
wächst nächstes Jahr Klatschmohn.
Und auf den Straßen, auf denen wir nachts
betrunken und einsam nach Hause laufen,
fließt Gold.
Und zwar ständig.
Verkürz die ganze Farce, sei ehrlich, sag:
Hallo.
Hier bin ich, niemand will mich, also bitte nimm
mich.
Ich hab Angst allein im Dunkeln.
Ich hab Angst vor den Leuten hier.
Meine Wohnung ist total chaotisch, bitte gehen wir
zu dir.

Denn mein Herz
schlägt am Puls der Zeit.
Deshalb ist Sterben so verpönt, weil es den Fehler
im System aufzeigt.
Also sag mir:

Wo sind wir zu Hause?
Wo sind wir daheim?
Die Partys sind ganz nett, aber bitte:
Ich will jemand anders sein.

Wir hätten das Recht, auszurasten,
nur wir verzichten höflich drauf.
Wir hätten die Pflicht, irgendwas zu schaffen,
nur wir scheißen begeistert drauf.

Wir machen Theater
in der Bar unterm Bühnensaal.
Weil wir uns auf Hochkulturparkett nicht wirklich
gut bewegen.
Weil wir uns schon selber hassen.
Was sollen wir noch auf tote Dichter geben?
Ich meine:
Wir hangeln uns an ehemaligen Feindbildern
entlang.
Was zum Teufel schert uns Sturm und Drang?
Jede Böe weht uns weg.
Jede Nachricht bringt uns um.
Wir kommen nicht vom Fleck,
Und trotzdem bei der Reise um.

Ohne Red Bull
bleiben wir morgens liegen.
Und uns bringt schon lange nicht mehr der Shit,
sondern die Angst, unten bleiben zu müssen,
zum Fliegen.
Weil am Lebensende da unten wieder nur die
Falschen siegen.
Wir finden keine Jobs,
denn wir taugen nichts.
Denn wir alle machen irgendwas mit Photoshop.
Denn wir trauen uns nicht
zu sagen:
Du: Stell mich ein.
Du hast vier Kinder erzogen,
zwei Frauen betrogen,
du kannst ganz offensichtlich deinen Mann stehen.
Jetzt hör bitte auf zu versuchen,
Facebook zu verstehen.
Und stell mich ein.

Denn mein Herz
schlägt am Puls der Zeit.
Deshalb ist Sterben so verpönt, weil es den Fehler
im System aufzeigt.
Und sag mir:

Wo sind wir zu Hause?
Wo sind wir daheim?
Ich höre zwar die Glocken.
Nur 'nen Kirchturm
sehe ich keinen.

Alex Meyer

aus Hannover
Slam-Geburtstag: 28.4.10 (Hannover)
Lieblingsblume: Veilchen

(Foto: Philipp Jeske)

45 Sekunden – Hoffnungslos daneben

Eine 2011 ausgestrahlte Cola-Werbung behauptete:

„Eine 2010 durchgeführte Recherche zur Lage der Welt belegt:
Auf jeden produzierten Panzer ... kommen 131.000 produzierte Kuscheltiere.
Auf jede Mauer auf der Welt ... kommen 200.000 ‚Willkommen'-Fußmatten.
Während ein Wissenschaftler eine neue Waffe entwickelt ... backen 1 Mio. Mütter einen Schokoladenkuchen.
Es gibt mehr lustige Videos im Internet... als schlechte Nachrichten auf der Welt.
‚Liebe' ... hat mehr Treffer als ‚Hass' (bei Google).

Es gibt viele Gründe,
an eine bessere Welt zu glauben."

Und ich nehme einen Schluck aus meiner Cola und denke mir:
WOOOHOOO! Das Leben ist Baaamboochaa!
Ja ...

Wir müssen uns nur treiben lassen, um irgendwann mal vom Erfolg zu naschen,
Also steck die Hände in die Taschen, scheiß mal auf Hartz IV,

Das Geld hängt an den Bäumen, warte auf den Herbst und es kommt zu Dir.
Und wenn gar nichts mehr hilft, Du Depressionen schiebst,
Und nur noch Tränen vergießt, vergrab nicht den Kopf, wie das Moseskind im Schilf,
Alles, was Du brauchst, ist Glauben und Vertrauen,
Und ein wenig Zeit, um Jesus eine Kirche zu bauen,
Gib Dich ihm hin, wie Maria und die Hure Babylon,
Leg die Hände in den Schoß, Gott macht das schon.
Und ich nehme einen Schluck aus meiner Cola und denke mir:

WOOOHOOO! Das Leben ist Baaamboochaa!
Ja ...

Die Colawerbung hat es vorgemacht,
so lässt es sich leben,
Vertreib den Donnerblitz aus Deinem Kopf
und auch all den Regen,
Statt Panther- oder Leopanzer,
die eh nichts tun, als Sprit zu saufen,
Lasst uns in die Läden rennen
und Cola-Eisbärn kaufen,
Statt mit dem Kopf durch die Wand,
Nimm 'nen Stift in die Hand,
Und schreib dick und fett „Willkommen"
auf jeden einzelnen Stein,

Der Chinesischen Mauer –
denn es kann doch nicht sein,
Dass bei all dem Fun in der virtuellen Welt
So ein Schandwerk unser Real Life entstellt,
Bombt das Ding endlich nieder,
baut's mit Schokokuchen wieder auf,
Dann kehrt die Hoffnung endlich wieder,
nach Hiroshima bestimmt – auch,
Den Hunger in der Dritten Welt könnten wir dann
stillen – wär das nicht fett?
Wenn das Volk kein Brot hat, soll es Kuchen
fressen – sagte schon Marie Antoinette,
Wir müssen nur dran glauben,
dann hilft Kinderlachen gegen Krebs,
Schließt Eure Augen, lest die Message und
versteht's!
Und ich nehme einen Schluck aus meiner Cola und
denke mir:
Wooohooo! **BULLSHIT!**

Ich kann dieses zynische Gelaber nicht
mehr ertragen. Unser Leben ist doch keine
magische Fanta-Palme, die wir immer weiter
hinaufklettern; von Erfolg zu Erfolg zur
baaaaaaamboochamäßigen Glückseligkeit. Das
Leben in der heutigen Zeit sieht anders aus:

Menschen töten Menschen, setzen Grenzen
ohne Ende. Kahle Wände sprechen Bände für
den Mangel an Alternativen zur Alltagsroutine.
Wo ich hinsehe; menschliche Ruinen, im Kopf

stehen geblieben und aufgehört zu lieben, denn überrollt von den Lawinen aus Leistungsdruck und fremden B-Vitaminen kam ihr Lebenswille zum Erliegen. In China lernen sie fliegen, indem sie von Hochhäusern springen und das Einzige, was der Chefetage dazu einfällt, ist:

„Gut, dann stellen wir halt Fangnetze auf."

In Hiroshima verrecken immer noch Menschen an den Nachwirkungen des Atombombenabwurfes von 1945 und das Einzige, was den Werbefritzen von Coca Cola dazu einfällt, ist:

„Ja ... dann backen wir eben Schokoladenkuchen."

Ja. Schokoladenkuchen. Schokoladenkuchen gegen den Welthunger!

SCHOKOLADENKUCHEN FÜR DEN WELTFRIEDEN!

Überall werden nur noch Ablenkungen anstelle von menschlichen Erleichterungen geschaffen und viel zu viele Menschen fallen darauf herein.

So wie **DU!** Du schreibst in die youtube-Kommentare dieser Werbung:

„Mein Gott, egal ob die Sachen stimmen oder nicht, ob sie weit her geholt sind oder ob das nur eine

Cola Werbung ist. Reicht es nicht nur einmal für 45 sekunden durch den Spot zu denken „hey, so schlecht ist die Welt doch garnicht!" Gibt genug schlechtes auf der Welt... also macht doch nicht eine winzige Chance sich gut zu fühlen (auch wenns nur ne Werbung ist) auch noch zu nichte ..."

DOCH! Was ist denn das für ein Schwachsinn!? DAS gibt Dir Hoffnung!? 45 verschissene Sekunden, für deren strukturellen und inhaltlichen Aufbau irgendwelche Werbeheinis wahrscheinlich nicht eine Sekunde länger nachgedacht haben!? DU SCHLAMPE! Wie nötig hast Du es eigentlich ... zu hoffen?

Hoffnung. Das ist doch kein verfluchter Werbespot. Hoffnung, das ist ein Gefühl. Es ist das Gefühl, das mich antreibt, aufzustehen, aus dem Haus zu gehen und mal zu Gunsten der Umwelt nicht das Auto zu nehmen, obwohl ich weiß, dass ich den Zug eh wieder verpassen werde. Hoffnung, das ist dieser kleine Schelm, der in meinem Ohr sitzt und mir zuflüstert:

„Alex, schalt doch mal wieder den Fernseher ein. Die können doch nicht 365 Tage im Jahr nonstop nur Scheiße senden."

DOCH! Denn in diesen Fällen ist Hoffnung ein **Arschloch!**

Aber Hoffnung bringt mich auch dazu, zu schreiben:

„Du hast Dir jetzt über mehrere Minuten lang meinen Text durchgelesen. Würdest Du, sollten wir uns jemals persönlich kennen lernen, einen Kaffee mit mir trinken gehen? Ich hoffe: ja."

Denn genau so funktioniert Hoffnung und die kommt nicht vom Flimmerkasten, sondern von Herzen!

Josefine Berkholz

aus Berlin
Slam-Geburtstag: 01.05.09 (Kreuzberg)
Lieblingsblume: Feuerlilie

(Foto: Sven Dressler)

Kontur

Eigentlich brauchen wir nur Kontur.
Weil Füllfarben bei Regen verwaschen und eh
immer eher Verwirrung schaffen.
Ich will mit Bleistift nur Skizzen von Dingen
machen, weil wir uns die Zwischenräume
eh schon vorher ausmalen.
Und weil mir das alles schon lange
zu bunt geworden ist.
Ich will mich von Pinselstrich zu Pinselstrich
hangeln und schwarz-weiß sehen, weil wir die
Textlücken sowieso mit Gedanken füllen, und weil
die wichtigen Dinge zwischen den Zeilen stehen.
Eigentlich brauchen wir nur Konturen.
Weil Füllfarben bei Regen verschmieren und sich
die Spuren von Klarheit im Blitzlicht verlieren.

Ich versuche mir die Welt zu erklären
Als ob zwischen Punkten Linien wären
Als ob die Worte mir die Welt in Streifen teilten
Ich greife nur und kann nicht begreifen.

Ich laufe durch die Straßen einer Stadt, die zu viel
Neon und zu viele Nischen hat, die von oben und
unten ein Netz durchzieht und in deren Gewimmel
mein Alltag geschieht.
Und da fühl ich mich manchmal wie verschluckt.
In die Bahn gesogen und wieder ausgespuckt an
einem Ort, den ich ungelogen noch nie gesehen hab.

Jedes Mal, wenn ich aus der U-Bahn komme,
hab ich mitten im Labyrinth den Faden verloren
und irre richtungslos in irgendeine Richtung los.
Dann find ich mich wieder zwischen
grauschwarz beschmutztem Größenwahn und
sonnenuntergangsverkitschter Schönheit.
Ich find mich nicht wieder zwischen Biergeruch
und Nachtschwärmern, Parfum und Kotze,
Straßenbahnen und Schildern ohne Straßennamen.
Ich laufe durch die Viertel einer Stadt, die weder
Straßenschilder noch Wegweiser hat, die sich
oben wie unten im Chaos verliert und in deren
Gewimmel mein Leben passiert.
Da komm ich manchmal dazu,
mir Linien zu wünschen.
Wenn mir die Zeit enteilt, die Welt geteilt
in Streifen zu sehen.
Und dann von oben zu mustern, wenigstens halb zu
verstehen und längs zu bemalen, denn Querstreifen
machen dick. Und wenn ich wieder wider Willen
Worte wechselnd durch die Welt waber wünsch ich
sie mir schmal. Um auf Pfaden zu gehen, die ich
erkennen kann.
Komm, tritt auf den Strich, wir balancieren die
Straßenbahnrillen entlang, dann können wir uns
wenigstens nicht verirren.
Komm folg meinem Schritt und halt mir die
Ampelschaltungen an, dann können die mich
wenigstens nicht verwirren.
Ich komme manchmal dazu, mir Linien zu
wünschen,

um meine Welt getaktet in Streifen zu sehen
Und jeden Tag über selbst gezeichnete Grenzen zu gehen.

Ich versuche mir die Welt zu erklären
Als ob zwischen Funken Linien wären
Als ob die Worte mir die Welt in Streifen teilten
Ich greife nur und kann nicht begreifen

Wenn du mit mir sprichst, dann reden wir sehr viel und sagen meistens nichts.
Wir labern und blenden und interpretieren, bis wir mitten im Satz den Faden verlieren
und ich weiß nicht, ob ich dich völlig falsch berechnet habe – oder ob ich nur wieder mit den Vorzeichen durcheinander gekommen bin.
Denn wenn du mit mir sprichst, dann reden wir sehr viel, nur sagen dabei nichts.
Du blubberst doch nur.
Wortseifenblasen, ja, sicher, ja.
Nur ist das scheinbar dann nur zum Schein da,
und alles scheint wahr und wird doch kaum klar,
weil du den Schein wahrst, alles bleibt scheinklar
und nur so halb wahr, und da komm ich manchmal dazu, mir Linien zu wünschen.
Wenn wir aneinander vorbei in bunten Phrasen reden, und mit jedem Wort den Weg für ein Klatsch-Tratsch-wie-was-oh yeah-krass-haha-Spast-na klar-hasshasshass-schwarz-weiß-Gossipscheiß-Leben ebnen –

Will ich dein buntes Gesprudel in Schwarzmalerei
und White Noise zerlegen und manchmal viel
lieber nonverbal mit dir reden.
Dann will ich deine Hände fragen, was dein Mund
mir grade sagen will, und dir beim Überlegen, was
du meinst, still per Blickkontakt zum Ticktack-Takt
auf den Uhrzeitbeat als Liedtext getarnt den Grund
für meine Frage teleportieren.
Dann wünsch ich mir, dass wir die Tarnung
verlieren. Weil ich dich nicht verstehen kann.
Dann will ich dein Buntfarbenanstrichmilitär-
schutzmuster verschmieren, weil ich die Message
darin nicht mehr sehen kann. Scheiße, wir sind
nicht im Krieg.

Ich versuche mir die Welt zu erklären
Als ob zwischen Punkten Linien wären
Als ob die Worte mir die Welt in Streifen teilten
Ich greife nur und kann nicht begreifen.

Ich bin das Kind der unbegrenzten Möglichkeiten.
Ich bin von null auf zehntausend in einem
Herzschlag und dreimal um die Welt in acht
Sekunden.
Es ist immer alles groß, laut und bunt gewesen,
und egal wie erschöpft, ich muss pausenlos im
Schnelllauf und mit Siebenmeilenstiefeln leben.
Ich kann keine geraden Linien ziehen
und versuch ständig, vor meinem Schatten zu fliehen.
Damit ich da nicht drüberspringen muss.

Wenn mir die Welt nicht schnell genug läuft, fang
ich an. mich selber zu drehen,
gegen den Uhrzeigersinn
um die eigene Achse rennen.
Und dann fürchte ich manchmal, mich zu verlieren,
weil ich völlig versinke im eigenen Rotieren.
Dann versuche ich manchmal, mich selber zu sehen
Aber reflektiere ich über mich, so kann ich mich
nur seitenverkehrt im Spiegel erkennen.
Da komm ich manchmal dazu,
mir Linien zu wünschen.

Wenn mir die Zeit enteilt, die Welt geteilt
in Streifen zu sehen
Zum Ticktack-Takt per Blickkontakt auf den
Uhrzeitbeat als Liedtext getarnt den Grund für dein
Verhalten zu verstehen.
Eigentlich brauchen wir nur Kontur.
Weil Füllfarben bei Regen verwaschen und eh
immer eher Verwirrung schaffen.
Das ist die Welt der unbegrenzten Möglichkeiten.
Auf den Straßen meiner Stadt,
militärschutzgemustert, seh ich euch
spiegelverkehrt in einer Pfütze stehen und will
dann gern eine Bleistiftskizze machen.
Damit die Farben dazu in den Köpfen erwachen
und wir uns selbst als verschmelzende Umrisse sehen.
Eigentlich brauchen wir nur Konturen.
Weil Füllfarben bei Regen verschmieren und sich
die Spuren von Klarheit im Blitzlicht verlieren.
Und den Rest kann sich jeder selber ausmalen.

Philipp Herold

aus Heidelberg
Slam-Geburtstag: 23.10.08 (Heidelberg)
Lieblingstier: Bär

(Foto: Jan Römer)

abreisen

Wenn ich mal wieder Zahnarzttermine verpeile
oder in falsche Züge steige,
legen mir meine Mitmenschen oft nahe, ich solle
doch mal mein Leben in den Griff bekommen.

Und dann denk ich oft daran
wie schön es noch war,
keine Verantwortung tragen zu müssen
auf gewisse Fragen noch
keine der Antworten haben zu müssen
doch im Gegensatz zu damals,
als wir noch frisch verliebt und blutjung waren
müssen wir inzwischen 'n Plan
von unserer Zukunft haben

doch seit den Tagen
nach den 13 Jahren
müssen wir Einsehen haben
dass wir ein Reich betraten
das dem einen oder anderen
von uns nicht leicht bekam
da hier eigene Taten
auf neue Weiten trafen

„Was willst'n jetzt eigentlich machen?"
fragen mich die Menschen um mich rum.

Ich will, dass dieses ganze Theater im Fundus bleibt
ich keinen Humbug, sondern Worte bunt umschreib
denn während es für andre Zivi, Uni
oder Umzug heißt
hab ich eigentlich andere Vorstellungen von meiner
Umbruchzeit

ich will abreisen ...

Die gelackten Massen
und Machenschaften
die Aktentaschen
pachten lassen

Über all die Fakten lachen
meine sieben Sachen packen
die Stadt verlassen
und es krachen lassen

Doch keinen Tag verpassen
an dem ich es sacken lasse
und meinen Horizont erweitere
wie auf Dachterrassen

Manchmal würd ich gern abreisen
fern abschweifen
nicht mehr länger lernen und abschreiben
mich gegen etwas wehren und abstreiten

abreisen, dahin,
wo der Sand unter meinen Füßen brennt
weil ich bei Sonnenschein am Strand munter über
Dünen renn
wo ich den Straßenrand entlang schlendernd
den Tagesplan entspannt änder'

dahin
wo notfalls meine Hände meine Sprache sind,
ich ein Heim auf fremden, kleinen Straßen find.
Eindrücke, Erlebnisse, Erfahrungen,
dass es mir den Atem nimmt
wo sich meine Gedanken verwehen lassen
vom starken Wind
und eingetaucht in Poesie
mein Stift nach neuen Taten sinnt
die Weltenden Inspiration – und ich ihr Patenkind

dahin, wo Wellen beim Ans-Land-Schwappen
Bestmarken setzen

dahin, wo der Horizont meinen erweitert
sich das Unendlich-Scheinende in den
Weiten verkleinert
bis sich dieses Bild dann in meinen
Reimen erweitert
was mich immer wieder zauberhaft
beizeiten begeistert

Ich würd so gern abreisen
fern abschweifen
nicht mehr länger nach f(x) ableiten
oder heulen müssen vor Mattscheiben

Nein, die Welt mit allen Sinnen wahrnehmen.
Ich will sie spüren –
die Sommersonne, den rustikalen Regen auf
meiner Haut, das Meersalz in meinen Haaren
die Steinfelsen und Sandkörner, auf denen ich lauf
die kühle Brise am kleinen Hafen

Will die Welt riechen –
irgendwo zwischen Holz und Moos
in tiefen Regenwäldern
in grünen Tee-, gelben Raps-
und lila Lavendelfeldern

Und will die Welt sehen –
sie betrachten und bewundern
aus all ihren Blickwinkeln
will im Antlitz des jungfräulichen
Sonnenaufgangslichts blinzeln
als würde ein farbverträumter
Maler meine Sicht pinseln

Will sie schmecken –
all ihre Gewässer und tropischen Früchte
all ihre Gewürze und exotische Küche

Und will die Welt hören –
die Klangwellen des Meeres
und das Rauschen des Winds
dabei andächtig in mich gehen
wie ein lauschendes Kind

Manchmal würd ich einfach gern abreisen
fern abschweifen
weilen, mehr als satt schweigen
Zeilen quer aufs Blatt schreiben

mich selbst überwinden.
Wachsen am Weg über wildwuchernde Wände
Barrieren bewusst besonders besteigen
um dann von oben ins Tal zu schauen
mit endlosen Aussichten –
statt aussichtslosen Enden
abreisen beim Bestaunen von Bilderbuchbänden

bei Weitsicht, beim Einblick
auf naturentsprungenen Feinschliff
wie im Orientexpresswaggon
und dabei schreibt mein Bleistift
reichlich an Kleinschrift
im Reisepoesiejargon

und plötzlich beginnen die Dinge dann zu kreisen
in meinen Gedanken fangen die Sinne an zu reisen

doch wohin ich auch geh
und was ich dort
was ich erleb
und wovon ich erzähl

eigentlich bereis ich mich
und dies erweist sich schlicht
als seelisch weitsichtig.

denn wohin auch immer der Weg einen führt,
welche Entscheidung man auch fällt,
letzten Endes zählt doch nur die Reise zu sich
selbst.

Hazel Brugger

aus Zürich
Slam-Geburtstag: 10.06.11 (Winterthur)
Lieblingstier: Giraffe

(Foto: Uwe Lehmann)

Wie es geht

Dieser Text ist ein Liebestext, wobei das mit der Liebe nicht so wörtlich genommen werden sollte, denn wie die Liebe selbst hat auch der Text eigentlich nichts mit Liebe zu tun, sondern ist bitterböse und frustriert.

Und wie ich so lustig durch den Hauptbahnhof in Nachtstimmung tänzle, geschickt Jägermeister-Kotz-Pfützen ausweichend und dabei nicht minder erotisch wirke als eine Cosinus-Kurve, die sich elegant um eine x-Achse schlängelt und dabei mit mutigem Blicke der Unendlichkeit in die tiefen, undifferenzierbaren Augen blickt – da stehst du plötzlich vor mir. Mit deinem dümmlichen Gesicht, spärlichen Bartwuchs und unbehaglichen Körper stehst du da, und hast mich leider schon gesehen.

Wieso musste es auch so beschwerlich und kräfteverschleißend sein mit uns, warum gab es denn nie eine Liebesgeschichte, die so endete: „Und mit einem feuchtwarmen postcoitalen Händedruck verabschiedeten sie sich voneinander". Nein, so endete wahrlich nie eine Liebesgeschichte, das wäre viel zu unkompliziert, keine Liebe also.

Du winkst mit deinen blöden Armen, die mir ohnehin nie stark genug waren und bei denen am Ellbogen so ein komischer Knochenhubbel heraussteht, der jeden Anatomiestudenten in den Wahnsinn treiben würde und den ich anfangs so interessant und anziehend gefunden hatte, der mich am Ende dann aber so nervte, dass ich ihn sogar als Hauptgrund für unser Scheitern schuldig machen würde – denn Leute kommen ja immer aus irgendwelchen unerfindlichen Gründen zusammen und trennen sich dann aus genau diesen Gründen wieder.

Aus Höflichkeit oder Sitte oder Mitleid oder was auch immer hier die treibende Kraft war, komme ich zu dir rüber und du fragst mich möglichst lässig und den Jägermeisterkotzenpfützengestank ignorierend:

„Hey, na, wie geht's?"

Wie es mir geht, willst du wissen? Na, ich will dir antworten, so verdienst du es doch, eine richtige Antwort, denn auf eine unwahre Frage kann man nur eine richtig echte Antwort geben, um hier irgendetwas zu beweisen.

Der Tresen war gut zu mir und so verspüre ich nun den Anflug eines männlichen Katzenwelpen, der in meinem Kopf gedeiht und bald rumpisst wie ein richtiger ausgewachsener Kater. Doch das ist alles noch gar nichts, denn was ist schon körperlicher Schmerz – wie das Leben selbst, rein fiktiv und vorgelogen, nichtig und vergänglich –, doch meine

Liebe für die barocke Kunst hast du ja ohnehin nie geteilt.

Wie ich dir nun weiter antworten soll, frage ich mich und komme gleich selbst darauf – da ich mich selbst gefragt habe, ist es ein gutes Zeichen, dass ich auch selbst auf die Antwort gekommen bin – denn diese ewigen Entscheidungen nerven mich, im Gegensatz zu Bäumen werden sie nämlich nicht weniger, wenn man sie fällt.

Ich mache mir große Sorgen, ja, ich mache sie mir ganz selbst und bin dabei nicht auf deine Hilfe angewiesen, mache mir Sorgen darüber, in was für einer Welt meine Kinder einmal aufwachsen werden – nicht, dass ich einmal Kinder haben möchte, igitt – in einer Welt, wo man Bücher nur noch aus dem Fernsehen kennt, Knie nach Millionen Jahren von Evolution immer noch so aussehen wie geliftete Kamelhoden, wo man einen Ablativ nicht mehr von einem Aperitif zu unterscheiden weiß und wo man sich über die schlechte Stimmung in Europa schon im Kindergarten aufregt – geht doch alle in den Osten, dort herrscht wenigstens eine Bomben-Stimmung.

Wie es mir sonst noch geht? Nun ja, ich habe eigenartige Gelüste, wie gerade jetzt, ich möchte gerne mit dem Mittelfinger gegen deinen schluckenden Adamsapfel schnipsen, würde dir gerne ein rostfreies ultraleichtes Hüftgelenk aus Titan mit einem

Schwenkbereich von 720° einbauen, nur damit du dich ins Knie ficken kannst – ja, und warum kann ich nicht einmal so tun als hätte ich das Tourette-Syndrom, ohne dabei diskriminierend zu wirken – scheiß Kack-Scheiß Arsch. Fick.

Ich möchte gerne Pandoras Büchse vor dir öffnen und dann ein halbes Kilo Minz-Mentos reinwerfen, damit alles Böse auf einmal fontänenartig in dein Gesicht spritzt. Und du weinst.

Es kann ja nicht sein, dass das Einzige, was mein Ego noch stimuliert, ist, dass ich es schaffe, die Bildzeitung in unter vier Minuten zu lesen.

Ich möchte mich auch einmal im Supermarkt vor die Kasse schmeißen und schreien: „Ich will jetzt diesen Lolli", bis ich ihn auch kriege und dafür nicht nur nicht bezahlen muss, sondern auch doppelt Sammelpunkte bekomme, ja, so sollte das Leben doch viel eher sein, aber das ist ja eine offensichtliche Tatsache und da brauchst du mich ja nicht zu fragen, wie es mir denn gehe.

Ich möchte gerne immer die erste sein, die im Bus den Stopp-Knopf drückt und dass alle Mitfahrenden applaudieren, wenn ich es wieder einmal geschafft habe, die sieben Kilometer zur Bushaltestelle in unter dreißig Sekunden zurückzulegen und dem Busfahrer dann aus Überanstrengung beinahe in seine Kabine kotze – ja, ich leide an Vomitophilie –, wenn ich ihm zu erklären versuche, dass ich gerne die vierte Zone, die zwar eigentlich unnötig, aber ohnehin gratis ist, noch dazu hätte, falls ich dann auf dem Rückweg einen Umweg fahren möchte, ich lasse mir eben gerne alle Optionen offen und wieso frage er mich das überhaupt, er solle doch froh sein, dass bei diesen Preisen überhaupt noch jemand den öffentlichen Verkehr nutzt. Na toll, und jetzt muss ich auch noch zum Bahnhof laufen.

Ja, diese Wortfontäne hätte ich dir gerne an den Kopf geworfen, in die Augen gerieben und den Nasenkanal hochgesteckt, mit einem Schwamm aufgesaugt und dir dann unter Auswringen langsam und eiskalt über den Rücken geträufelt – doch vielleicht wird das mit uns zweien ja doch mal noch was Richtiges, weil so schlimm war es dann ja auch wieder nicht und wenn ich ihn mir jetzt so anschaue, deinen Ellbogenknochen, dann finde ich ihn eigentlich ganz süß.

Also danke, ich schätze, es geht mir gut …

Tobias Gralke

aus Freiburg
Slam-Geburtstag: 29.05.10 (Esslingen)
Lieblingsfrucht: Aubergine

(Foto: Sven Dressler)

Zeichensprache

Versfragmente in die Sphäre schreiben
mit offenen Augen im Menschenmeer treiben
Gedankengänge geisternd im Raum durchschreiten
fernab liegende Zeiten im Traum bereisen

im Kielwasser der eigenen Langsamkeit gleiten
in Schneepflugschwimmzug-
schaumschlägerschneisen
durch eine Welt, die stets zum Lautesten neigt
wie schön man ruht, wie schön man schweigt

1

blaugraues Flimmern,
das den Blick schlicht verwehrt
sich aufbaut und immer
den Weg durchs Dickicht versperrt
das aufjaulend wimmert im täglichen
Blitzlichtverkehr
aus tausenden Mündern tönt rauschend verzerrt
das Geschrei
der großen Stadt
in phrasengeschwängerter, rasend gedrängter,
gleichwohl
gleichmütig gewohnter Geschwindigkeit –
kein Klang, der sich verbindlich zeigt
ein Pfeifen nur, das blindlings steigt
im Tritonustinnitus zum Trommelfellschaden

dann wieder Niedergang in
Wortkaskaden
fallen durch und prallen auf
in Schall und Rauch und
alles auf
Anfang

wieder, noch einmal, wie jeden Tag
der Wahnsinn grüßt winkend vom Bürgersteig
und wenn er hinkend an der Tür erscheint
lässt man ihn ein –
so komm herein
du sollst nicht sein
inmitten von all dem Hetzen, den Klagen
dem Nachhall von einzelnen Sätzen, die sagen
ich bin mehr, als was ich scheine!
sage mehr, als was ich meine! also du
DU! wieso hörst du nicht zu?

und dann dieser vertraute Moment
des Innehaltens in Haltlosigkeit, der Entfremdung
(wie nach dem Erwachen aus einem zu intensiven
Traum)
zwischen zwei Städten, zwei Anschlusszügen,
zwei Wörtern
aus der Zeit gefallen
zwischen zwei Blicken, von denen der
zweite nur noch entschuldigend fragt und
sieht sich schlicht verwundert um –
rundherum nur Schattengetier
matt skizziertes Weltvokabular

so schemenhaft wie dimensionsverwaist
ach, wer verstünde, was es wirklich heißt
die Welt nicht mehr zu verstehen?
zwar die Hülsen der Wörter
doch auch das Nichts darin zu sehen

denn wir tragen sie in uns
– Universen im Kleinen –
die sich zum kollektiven Sein vereinen
im Sprechen, und
es reißt mich ins Bodenlose
durchgereicht durch jeglichen Sinn
wenn ich euch nicht mehr erklären kann
ja, wer ich sein will
wer ich bin

wer bin ich?
fragt sich inmitten des Lärms ein Kind
wenn ich doch sprechen will,
nur nicht die Worte find
die mich in sich tragen und erzählen von mir
denn wenn ihr nicht zuhört, dann bin ich nicht hier

so rennt es nach draußen, vor der Welt zu fliehen
Kornkreise kryptisch in ein Feld zu ziehen
auf dass sie irgendjemand sieht vielleicht –
ja, sicher, es versteht sich selbst ganz gut soweit
aber was hilft es, wenn es für den Rest bloß
schweigt?

2

du und ich, wir verstehen uns ganz gut soweit
– wortkarg und vielsilbig in gleichem Maße –
wir vergaßen die Wörter, wir vergaßen die Zeit
und der ganze Rest ist Zeichensprache

wenn du noch sagst, das alles sei zu ungewiss,
und dass dir nichts an uns mehr wahr erscheint
dann mit dem nächsten Schritt schon näher trittst –
dann kann ich sehen, was du wirklich meinst

in deinen Worten Zustimmung, in deinen Augen
Wofür?
dein Satz in meinen Armen, dein Fuß in der Tür
ein zaghaftes Lächeln, das alles erklärt
die tausend Geschichten, die man beim Zusehen
erfährt –

ja, wir verstehen uns –
du gibst mir Halt und ihm gibst du Sinn
dem, der ich sein will, dem
der ich bin

wer bin ich?
fragt sich der Pantomime, starr vor seinem
Ebenbild
was weiß ich denn, wofür es noch zu leben gilt
wenn ihr mich alle nicht versteht?!
ich mal meine Worte
mit Gedankengemäldezauberhand

mit Herz und Verstand –
das Schweigen ist nie weit vom Sprechen entfernt
und ein einzelner Handstreich
kann die Welt erklären
wenn ihr nur zuhörtet!
doch ihr lasst mich stattdessen
Versfragmente in die Leere schreiben
mit offenen Wunden in Salzwasser treiben –
ja, sicher, er versteht sich selbst ganz gut soweit
aber was hilft es, wenn er für euch bloß schweigt?

3

wenn die Wörter für mich ihren Sinn verlieren
Chaos und Lärm in der Stadtluft vibrieren
geh ich hinaus, lass das Tosen verklingen
leg meinen Kopf in die Nacht, und es flüstert in ihr
da schläft ein Lied in allen Dingen
das zu uns spricht –
mal in Kornkreiskalligraphie und
mal in Pantomimenpoesie –
das Sprechen ist nie weit vom Schweigen entfernt
wenn wir nur Zuhören und Begreifen lernen

in Schlaf versunken liegt die Welt
noch ruhend aller Kraft beraubt
und neigt nur mehr ihr müdes Haupt
im Klang des Winds
im Gang eines Kinds
streife ich heim –
vom Reden müd

das Klagen satt
ich lausche still als sie erwacht –
und höre zu
was sie zu sagen hat

Meral Ziegler

aus Hamburg
Slam-Geburtstag: 18.11.09 (Hamburg)
Lieblingsfrucht: Banane

(Foto: Niklas Grapatin)

Warum ich auf einer Bühne stehe?

Wir haben Schwipp-Schwapp, Schweppes,
Sienna Miller und Matrix,
Calvin Klein, großes Kino und mittlere Reife,
dicke Autos, Hungerhaken, HSV und St. Pauli,
Hip-Hop, Punkrock, Player und Poser.

Wir preisen den Preisfall, denn Geiz ist doch geil
und Gott gibt es nicht, denn an wen soll ich
glauben außer an mich.

Zwischen Streetart, Standard, Chihuahua
und chewing gum,
bleiben Babes, die auf Beats ihre Bodys
schwingen,
zucken, schütteln und rütteln sich im Rhythmus,
der lässt die Herzen dieser Damen
deutlich höher schlagen,
wenn sie es wagen, während Wortfetzen
durch den Raum sich wiegen,
ihre schwitzigen Körper auf dem
Dancefloor zu verbiegen.

„Bei Facebook noch schnell mal ein paar Fotos
hochgeladen …"
Was heißt hier *Fishing for Compliments*?!
Ich fühl mich frei in der Fauna meines
world wide webs!

Wir sind dumm, faul und fett,
entfachen Feuer bei Frauentausch,
mal so richtig Gas geben, aber nur vorm TV,
wenn ich mir den großen Traum einer Frau
anschau,
die 160 Kilo wiegt und beim Kampf um den Titel
The Biggest Loser siegt.

Wir sind stolz darauf, wenn wir unser Gegenüber
zu Boden saufen,
statt mal was Eigenes auf die Beine zu stellen.
Ich weiß, es fällt schwer,
im Zeitrausch nüchtern zu bleiben,
hilft hier schweigen? Hilft hier wegschauen?

Und dann ein Slogan in der Stadt.
In dicken Lettern auf Blättern
steht da geschrieben: „Sieh nicht weg und sags
weiter, wenn zum Beispiel Babett
im Waldgrundstück nebenan die Axt anpackt und
Tim den Arm abhackt!"
Ist das konfus? Ist das nicht komisch?

Ich bin mitten im Leben, jetzt mal Hand aufs Herz,
wir haben doch gute Zeiten, schlechte Zeiten
und wenn Mami Malte, wenn dieser ihr beim
Lügen ins Gesicht schaut,
aus reiner Überzeugung beinahe ein Messer in den
Rücken haut,
oder Peter, der wegen Pickeln gemobbt wird, von
Vaddern gesagt bekommt, dass sein

Anblick ihm mal echt den Appetit verdirbt,
dann sollte ich mich fragen, ob das noch legitim
ist, moralisch vertretbar?
Und was ist die Moral?

„Der Papa wollt' schon immer mal im Fernsehen
sein!", sagt Daueropfer Pätrick,
während Papa, der arbeitslose, arbeitslose,
arbeitslose Schulabbrecher Friedrich
im Block um die Ecke
sich mal so richtig schön befriedigt.
„Wenn das nicht Spaß bringt, dann weiß ich auch
nicht mehr!", erzählt uns Friedrich,
der mit Würde seinen Penis in der Hand, aber
keine Verantwortung für das Material
seiner Biografie trägt.

„Wegen die Veröffentlichung mach ich mir
gar keinen Kopf!
Da passen die netten Menschen
von RTL drinne drauf auf!"
Stimmt, mach dir keine Sorgen.
Die wollen sich das Filmmaterial nur für eine
kurze Zeit borgen.

Ich finde es schon ein bisschen skurril,
wenn Charleen für zwei Mark fünfzig
bei einem Typen ins Auto steigt
und Mutti sie daraufhin
dann noch mal kräftig anschreit,

dass ihr das viel zu wenig sei und langsam auch
gehörig gegen den Strich geht.

Und ein jeder von ihnen steht wie ich
im Rampenlicht.
Lässt sich für den Unterhaltungsgeist filmen,
oder stellt sich auf die Bühne,
um den Durst des Zuhörers zu stillen.
Wir sind also das Wasser für das Publikum und ihr
Klatschen ist unser Brot?
Sind wir abhängig?

Ich schmiere euch meine Meinung
wie Make-up ins Gesicht.
Kleister an den Ecken bis der Übergang stimmt,
dick und deckend,
bis ihr nicht mehr wisst,
wie man diese Maske abnimmt.
Ich will euch doch nur
mit meiner Meinung konfrontieren,
mein Weltbild präsentieren
und den Moment genießen.

Wir haben Schwip-Schwap, Schweppes,
Sienna Miller und Matrix,
Calvin Klein, großes Kino und mittlere Reife,
dicke Autos, Hungerhaken, HSV und St. Pauli,
Hip-Hop, Punkrock, Player und Poser,
daneben Streetart, Standard, Chihuahua und
chewing gum.

Vielleicht, vielleicht hat mich einfach nur die
Mediengeilheit einer ganzen Generation
geil gemacht auf Präsentation.

Matthias Rosenthal

aus Reutlingen
Slam-Geburtstag: 22.02.10 (Reutlingen)
Lieblingsblume: Nachtkerze

(Foto: Jan Brandes)

Sternenkind und Weltenmann

oder
Wie die Pinguine entstehen

Ich nehm dieses Gedicht und falt es,
bieg es zurecht und halt es
in den Hoffnungsboten Wind,
denn ich bin nur ein Weltenmann und du,
du bist ein Sternenkind

1.

Ich seh vom Gegenwind geschändet blind,
wie die Vergangenheit verschwimmt,

ein abgestelltes Bahnhofsbild
dampft Erinnerungen an Gleis eins,
die Schienen scheinen ewiglich
im Samtumhang des Sonnenscheins,
doch Ewigkeit kann es nicht meinen,
wenn Schatten und Schatten sich so hastig
vereinen.

Ich riech von der Sommerbrise verschnupft,
wie eine Windrose an unseren Kleidern zupft.

Sie reißt mit Dornen aus Unumgänglichkeit
an deinem weißen Federkleid,

und ein letztes Mal steht weit
und breit alles still außer der Zeit.
Sie zerrt an dir und nimmt dich mit, ich werf den
Kopf in mein Genick, wisper dann mit starrem Blick
in Richtung rötlich fernem Höllenschlund
einen Zauberspruch aus meinem Mund.

Doch dieser Zauberspruch versagt
und hat zuvor ein Mensch geklagt,
so würd nun gern ein andrer mit dir ziehn,
denn vor euch steht ein Pinguin.

Die Flügel sind ihm zwar geschenkt,
ja, gibt's keinen Moment, in dem er nicht an dich
oder ans Fliegen denkt,
doch hat sein Flügelkonstrukt den einen Fehler,
denn er hat nur eine Feder.

Was will er nun mit einer Feder?
Fliegen kann er so nicht, das weiß wohl jeder.

Und während Welt und Wind und Zauberwunder
schweigen,
reißt er sich die Feder aus
und beginnt, damit zu schreiben.

Ich nehm dieses Gedicht und falt es,
bieg es zurecht und halt es
in den Hoffnungsboten Wind,

denn ich bin nur ein Weltenmann und du,
du bist ein Sternenkind.
[1. Textblatt nach vorn werfen]

2.

Von scheinleeren Eisschollen schallen
nur Laute beschriebener Blätter,
die im Wisperwind fallen,
nur Vergangenheitstropfen,
die sich in Holzmaserung krallen.

Und während dieser Pinguin am Schreibtisch sitzt
und seine Federspitze Tinte schwitzt, da ... da ...

Übernachtest du wahrscheinlich
über Nacht im fremden Land,
gehst mit dem Mann im Mond wohl Hand in Hand,
fast schon gewohnt am Sternstaubstrand,
wo sein Atem an deinen Augenscheiben
Nebelbilder hinterlässt
und du und dein Pilot auf Wolke 7
meinen Flughafen vergesst.

Ich seh euch durch ferne Galaxien ziehen
und wenn die Sonnenstrahlen fliehen,
durch verrauchte Sternschnuppenschuppen streifen,
wo willige Wassermänner dir nachpfeifen:
„Hey Mädchen, ich hab zwar keinen großen,
sondern 'nen kleinen Wagen,
aber 'nen riesen Dreizack, kann ich dir sagen"

Ich sag dir, zeig mir nur ein Zeichen,
ich mach aus Wassermännern Wasserleichen,
doch wie zur Hölle will ich dich erreichen?

Du bist per Du mit Peru und
down mit den Niederlanden,
ich träumte, dass wir uns zwischen Himalaya und
Anden wiederfanden
doch nichts Neues im Westen,
also bau ich mir ein Luftschloss und verlier mich
in meinen Texten.

Seit du weg bist, überlege ich mir,
ein Praktikum bei der Deutschen Bahn anzufangen,
denn seit du weg bist, hab auch ich ständig
Verzögerungen im Betriebsablauf,
vielleicht wäre ich dort, wo ja scheinbar auch nur
Pinguine arbeiten,
besser aufgehoben.
[2. Textblatt nach vorn werfen]

3.

In finster vergitterten Karoblockzellen,
wo hinter fast vergessenen Flugschockschwellen,
Bleistiftkratzen auf Vergangenheit trifft,
werden letzte Sehnsüchte vom Papierboot
verschifft.

Ich beschließe also, meine Höhenangst und
Schluchtsucht zu überwinden,

beginn, mir Raketen an den Bauch zu binden,
falsche Flügel auszuspannen,

„Die Trauer ist vergangen,
die Schwerkraft wird es auch!",
schreit der Pinguin aus vollem Lauf,
springt Sprossen, Bretter, hoch die Leiter
„Bis in die Unendlichkeit
und noch viel viel weiter!"
und stürzt mit Erzgewicht aufs Schmerzgesicht.

Er findet sich wieder
in den Seiten seines Weltenbuchs,
während das Sternenkind die Welt besucht.
Er schreibt und schweigt, bleibt schweigend Leid,
dass mit der Zeit der Zeitvertreib des Schreibens
nicht mehr länger bleibt.

Doch dann,
im letzten Drittel vom letzten Kapitel,
auf der letzten Seite in der letzten Zeile,
kurz vor dem allerletzten Wort,
da fliegt die Feder einfach fort.

Und ich,
ich nehm ein jedes der Gedichte und falt es,
bieg es zurecht und halt es
in den Hoffnungsboten Wind
„Ich hoffe, es erreicht dich",
sprach der Weltenmann zum Sternenkind.

Friederike Schmid

aus Halle an der Saale
Slam-Geburtstag: 27.07.11 (Hamburg)
Lieblingsfarbe: Blau

(Foto: Marc Langela)

Soziopathie für Anfänger

„Sagen Sie mal, tut das weh?", frage ich die alte Frau, die mit offenem Oberschenkelhalsbruch auf der Straße liegt. „So, wie das blutet, sieht es aus, als könnte es wehtun." Statt zu antworten, wimmert sie und verliert das Bewusstsein. Gott, wie unverschämt. Ich lasse sie liegen und gehe weiter. Gibt sowieso zu viele alte Menschen und unhöflich sind sie auch noch. Immer diese kleinen alten Menschen, denen man den Vortritt lässt, nur damit sie einen umschubsen, weil sie plötzlich doch in die andere Richtung wollen, weil sie vergessen haben, wo sie eigentlich hinwollten. Gott, ich hasse alte Menschen, wofür braucht man die? Wir sollten uns an China ein Beispiel nehmen, rabiate Maßnahmen zur Regulierung des demografischen Wandels. Altersbeschränkung statt Geburtenkontrolle, man hat nicht über 70 zu werden und bis dahin wird gearbeitet.

Ich komme an Inas Wohnung an. Ina und ich kennen uns seit der Grundschule, deshalb fühle ich mich verpflichtet, hin und wieder etwas Zeit mit ihr zu verbringen. Eigentlich wollten Ina und ich einen Film gucken, so wie Ina und ich immer einen Film gucken, wenn wir uns treffen. Ina mag Filme und ich mag es, wenn Ina die Klappe hält. Eine sehr gute Konstellation, wenn man gerade nichts Anderes zu tun hat. Aber als die Tür geöffnet wird und ich Inas verheultes Gesicht sehe, fallen die Chancen auf einen ruhigen Nachmittag in den Keller. Ina erzählt, dass ihr Freund sie abgeschossen hat. Sie heult. Dann schimpft sie auf ihren Freund, auf Männer im Allgemeinen, auf die Welt, und wo sie gerade dabei ist, auch noch auf ihren Computer, auf die Bahn, auf Nazis, Linke, Gott, Staat und Goldfischallergien. Zwei Stunden später beendet Ina ihren Monolog und schaut mich erwartungsvoll an. Ich sage: „Aha." Ina heult. Ich schlage vor, doch einen Film zu gucken, damit sie auf andere Gedanken kommt. Ina ist begeistert von meinem Einfallsreichtum. Zu meinem Leidwesen wählt sie einen tragischen Kitschfilm. Also Liebe, enttäuschte Liebe, wahre Liebe, Verlust der wahren Liebe und neue Liebe. Der Typ bescheißt das Mädchen. Ina heult. Der Typ verliebt sich in das Mädchen. Ina heult. Der Typ stirbt. Ina heult. Sie spielen *Colorblind*. Ina erzählt, dass ihr bester Freund das Lied damals auf seiner Beerdigung hat spielen lassen. Ich sage, dass ihr Freund einen grauenhaften Musikgeschmack hatte. Ina heult.

Auf dem Rückweg komme ich an dem verfallenen Fabrikgebäude vorbei, das die Stadt seit der Wende abreißen will. Oben auf dem Dach steht ein Junge. Er schreit mir zu, dass er springen und sich umbringen wird. Ich schaue ihn an. „Und?" Er schreit, dass er es ihnen allen zeigen werde, die würden ja sehen, was sie davon hätten, zur Hölle fahren sollten sie, er würde es tun, und es wäre ihre Schuld und überhaupt würde er es ihnen allen zeigen und ich könnte ihn nicht davon abhalten. Ich schreie zurück: „Dann tu's doch." Damit scheint er nicht gerechnet zu haben. Er fragt, wie ich so herzlos sein könne, sein Leben wäre ein Scherbenhaufen und ich hätte ja gar keine Ahnung, seine Freundin hätte ihn verlassen und er bricht in Tränen aus. Aha, denke ich, da ist es schon wieder. Liebe. Wofür brauch ich das? Hilft mir das? Bringt es mich weiter? Nein! Und jetzt steht dieser Depp da oben und will sich deshalb umbringen. Steht da und jammert, er wäre wertlos und sein Leben vorbei. Und ich denke, Liebe ist wie Alkohol: Schmeckt scheiße, macht dumm und am Ende bezahlt man dafür. Ich rufe zu ihm hoch, er habe Recht, er wäre die Verkörperung des Versagens und er möge doch bitte endlich springen. Das sitzt. Er verliert die Fassung und den Halt, schreit noch: „Das ist für dich, Ina!" und klatscht drei Meter vor mir aufs Pflaster. Na also. Ich lasse ihn liegen und gehe weiter.

Mittlerweile ist es dunkel, ich gehe am Fluss entlang. In der Nähe sitzen zwei Männer mittleren Alters. Sie klagen darüber, dass die Arbeitslosigkeit sie in den Ruin treibt, der Hund weggelaufen ist, die Kinder sie ignorieren, ihre Frauen mit südwesttaipanesischen Einwanderern durchgebrannt sind und die Miete schon wieder gestiegen ist. Belanglose Gesprächsthemen, immer nur Gejammer. Man könnte sich doch über so viel sinnvollere Dinge unterhalten, wie zum Beispiel ... zum Beispiel ... ja, was eigentlich. Und dann denke ich, dass das schon irgendwie traurig ist, wenn man nichts Anderes im Leben hat, worüber man sich unterhalten kann. Und ich frage: „Sagen Sie mal ... tut das weh?"

Sie starren mich an. Sie lachen. Ich schubse sie in den Fluss und gehe weiter.

Nino Seiler

aus Aargau, CH
Slam-Geburtstag: 04.03.10 (Zürich)
Lieblingsfarbe: orange-goldig-leuchtend

(Foto: Lisa Kuettel)

Bedrucktes Papier

Früher las ich von bedrucktem Papier
Es war von oben bis unten vollbeschmiert
komprimiert zwischen zwei Deckel gebunden
und bescherte mir Lesevergnügen
während vieler Stunden

Ich las von Wundern und Geschehnissen
Von kunterbunten Erlebnissen
und abstrusen Geschichten
Sie begannen sich
auf meinem Nachttisch anzuschichten
Und mit Staub zu bedecken
Ich musste mir jedesmal die Finger lecken,
um umzublättern
Und drohte zu ersticken, als der Dreck
meine Kehle bedeckte
doch ich checkte, dass es dies wert war
weil die Sprache mein heiliges Schwert war

Seit einiger Zeit flimmert ein iPad
auf meinem Nachttisch
es ist faktisch sehr praktisch
denn in diesem kleinen Geviert
ist meine ganze Bibliothek
auf 4 Gigabyte reduziert

die elektronischen Geschichten sind dieselben
geschrieben von denselben Dichtern,
erzählen sie von denselben Helden
die in denselben Abenteuern
um dieselbe Gunst kämpfen
und der gleichen jungen Frau
denselben Jungen schenken

doch obschon gleichen Reimen
und gleichem Versmass
trotz gleichem Inhalt und Botschaft fehlt was;
vielleicht das Gewicht des Papiers,
an dem man spürt
was ein Schriftsteller für 2000 Seiten
DIN A4 alles investiert
oder der Geschmack des Staubs,
der einen husten lässt
und dessen Pustel die eigene Kehle bedeckt
worauf man merkt, dass Bücher
 auch trocken sein können
und nicht bloss rein auf dem weissen iPad flimmern

Trotz allem
Hat mir das iPad gefallen
Und es wär auch alles gut gegangen
Doch eines Nachts wurde ich überfallen…

„Sch … Sch … Schhh!" – Ein leiser Wind zog
draussen vor dem Fenster vorbei
in der Ferne waren Kriegsgeräusche zu hören …
„Bumm! Bumm! Bumm!!"

Mein Bruder war am Battlefield-Zocken.
Mein iPad lief mit beruhigenden
11 Mbit pro Sekunde
Und ich lag nichtsahnend da, ein lesender Tor
Doch da trat plötzlich Goethe aus einem Buch im Regal hervor.
„Alter!", sagte ich, *„was machst DU denn hier?!"*

Doch er starrte nur entsetzt auf mein iPad und schrie:

„Zwei Seelen wohnen, Ach!, in diesem Gerät
Weil es einerseits all meine Bücher in sich trägt
Sie andererseits aber auch zensiert
Und die Literatur damit kontrolliert!"

Dazu eine kleine Anekdote:
Am 17. Juli 2009 wurden aus dem Zentralspeicher des E-Readers „Amazon Kindle" zwei Bücher gelöscht, die daraufhin auf allen sich im Umlauf befindenden Geräten verschwanden. Es handelte sich um „Animal Farm" und „1984" von George Orwell.

Eine Sekunde später aber
hatte ich Goethe vergessen
Denn vor ihm erhob sich Hermann Hesse:

*„Von Hand geschrieben war die Literatur
Noch voll Liebe, Gefühl und unendlich pur
Doch mit euren Schreibmaschinen
werdet ihr sie vernichten
Denn Roboter können nicht dichten!"*

Doch seine mahnenden Worte
wurden achtlos weggewischt
Denn hinter ihm erblickte ich
das schweizerische Literaturschwergewicht
Max Frisch!

*„Alte, jetzt isch's für dich mal Ziit zum Schwiige
Es git nüt Geilers als Schribmaschineschriibe
Mini beschte Text sind so entstande
Homo Faber und Stiller, zum nur mal Afange
Dänn all 3 Tagebüecher und
„Mein Name sei Gantenbein"
Alte, glaub mer, du gasch jetzt gschider hei
Mir alli da wüsset dass du nur en Kopie bisch
Vom geilste Texter uf de Wält, und de heisst
Max Frisch!"*

Und nach Max Frisch – der als Rapper *„Max Fresh"* geheißen hätte – erhob sich aus der Biografie von Roger Schawinski (*was macht die Biografie von Roger Schawinski in meinem Nachttisch?!*)...

„Roger Schawinski, findi guet! Literatur han ich vor 24 Jahr erfunde, isch mini Idee gsi! Technical

progress – klar, einig säged, es isch nöd so guet,
ich säge: Who kares?! Findi guet."

Darauf hörte ich eine weibliche Stimme
Doch sie kam nicht von Simone de Beauvoir
oder Ingeborg Bachmann
Sondern aus dem iPad drinnen:
„*Wenn du meine Oberfläche streichelst*
schmelze ich dahin
und ich wünsche mir,
dass ich nicht bloss so ein Gerät
sondern eine junge hübsche Frau
Anfang zwanzig bin!"

Anschliessend dachte ich schon,
der Spuk sei endlich vertagt
Doch es erhob sich der letzte Dichter:
Marquis de Sade

„*Ta mère!*", schrie er dem iPad zu.
Falls Sie kein Französisch können: Das heisst auf
Deutsch soviel wie „Deine Mutter!"

„*Stupid appareil*
Ferme ta geule
Si tu veux avoir sex
Il y reste une option seule:
Lire mes textes ..."

Und dann hob er wütend seine Faust
Hieb damit das iPad knock-out

Und es löste sich auf
In Schall, Flammen und Rauch
„*Schwuuuusch!*"

Und wie mein iPad rauchend im Sterben lag
Dachte ich über die Worte der Dichter nach

Was für Sokrates die Schrift,
war für andere die Maschine
Was für den einen der Buchdruck,
ist für uns der E-Reader
Und stets dachte man, die Literatur würde sterben
Und die Technik sie unter sich beerdigen

Doch die Literatur ist nicht gestorben
Und sie wird auch nicht sterben
Sie ist bloss anders geworden
Und anders wird sie noch werden
Ob besser oder schlechter
Darüber lässt sich nicht richten
Denn sie ist stets bloss zeitgemäss
Angepasst an unsere Geschichte

In einigen Jahren wird man vielleicht
gar nicht mehr dichten
Vielleicht schreibt man auch wieder
mit dem Finger in den Sand
Doch wie es sich auch immer entwickelt:
Wir haben es in der Hand.

Leonie Mühlen

aus Landsberg am Lech
Slam-Geburtstag: 10.11.09 (Landsberg am Lech)
Lieblingstier: Igel

(Foto: Marvin Ruppert)

Verlaufen

Ich verlaufe mich auf Ameisenstraßen
und in Straßenbahnen
zwischen Supermarktregalen und im Tagesplan
ständig auf der Jagd nach dem roten Faden
in Packungsbeilagen
Und von wegen „Bitte Arzt oder Apotheker fragen"
weil die meistens auch keine Ahnung haben
Ich verlaufe mich auf dem Spielfeld von
„Mensch ärgere Dich nicht"
laufe rundenlang rückwärts und
dann ärgere ich mich

Oft beweg ich mich dann 4-mal im Kreis rum
und bin ich dann wieder am Anfang, so sei's drum
Es heißt: „um jede Ecke rechts
und du bist wieder am Start"
doch ein Zug fährt halt auch nicht
rechts bei voller Fahrt
und nach der 9. Ecke rechts wird
auch das mir zu fad
Also laufe ich Umwege 24 h am Tag
aber vielleicht ja nur, weil ich Spaziergänge mag

Die Menschen sagen, ich drifte oft ab,
sagen das nur, weil ich nicht dasselbe
wie sie im Kopf hab
weil ich mich anders als sie sich bewegen
Abseits von planen Straßen

auf von Unterholz und Reisig
versteckten Schleichwegen

Dann geh ich oft
3 Schritte vor und 2 wieder zurück
2 Schritte vor und 3 wieder zurück

Der Wind weht mich wohin er auch will
So nimmt er mich stetig auf seinen Weg –
ich wanke leere Straßen lang
suche nach Wegweisern und lande doch wieder am
Straßenrand

Verlaufe mich zwischen meinen eigenen Sätzen
auf den von Worten gepflasterten Wegen
und stolper dabei über Gedankenfetzen

Mein Kompass zeigt immer
Richtung >ich< soll auf mein Herz hören
und nicht nach Synapsen laufen,
denn das Hirn schlägt Irrwege, Schlaufen
Würde mich dort wie in einem Irrgarten verlaufen

Wieder und wieder hab ich vergeblich
Brotkrumen gestreut
hab es jedes Mal bitter bereut
Denn es gibt wie bei Hänsel und Gretel
immer Vögel die Hunger haben
doch die Steine lagen mir zu schwer im Magen
also ließ ich mich stattdessen von den Wellen
tragen

über ein Meer von bleischweren Steinherzen
die in der Tiefe längst nicht mehr schlagen

Also laufe ich und laufe,
3 Schritte vor und 2 wieder zurück
2 Schritte vor und 3 wieder zurück

Manchmal wünsche ich mir einen riesengroßen
Leuchtpfeil am Wegrand
mit leuchtenden Lettern
„LEONIE, hier geht es lang!"
Doch das ist das Leben, da gibt es keine
Leuchtpfeile, die meinen Namen tragen
Da gibt es nur Leuchtreklame und statt dummer
Antworten gibt es meistens nur stumme Fragen
Da gibt es Glückskeksweisheiten, die versuchen´,
dir den rechten Weg zu verraten
Doch da gibt es Eines, was wir noch immer nicht
begriffen haben:

Es ist egal, ob wir an Wegschneisen
den falschen Weg einschneiden
denn dann drehn wir uns um 180 Grad
und gehen wieder zurück
Dabei wachsen wir über Wege hinaus
und erkennen die Fähigkeit, umzukehren als unser
eigentliches Glück
Und das ist doch so wesentlich
denn kreuzten sich gelegentlich
die Wege zweier Wesen nicht

Was wären wir schon?
Gesehen im glasklarkalten Lebenslicht
Und wenn Eines sicher ist, dann, dass
Schlangenlinien sich häufiger kreuzen als Geraden
Zwar ist es immer leichter der Masse nach
doch hinterlässt man auf gepflasterten Wegen keine
Spuren
und bleibt unter Vielen häufig dennoch allein

3 Schritte vor und 2 wieder zurück
2 Schritte vor und 3 wieder zurück

Vielleicht kommen wir auch nie an,
wer weiß das schon?
doch Hauptsache, wir bleiben in Bewegung
Denn der Weg ist das Ziel
und nur das schafft Begegnung
Fühlst du den Takt, der in dir schlägt?
Dein inneres Metrum
Also bet' drum, dass es bebt und
beweise noch innere Regung
Denn Hauptsache, wir bleiben hier noch
in Bewegung.

Jan-Philipp Zymny

aus Wuppertal
Slam-Geburtstag: 26.03.10
Lieblingstier: Sarkastodon (Urraubtier)

(Foto: Christoffer Greiß)

Henry Frottey I: Mord in the Jugendherberge

Da war er nun – Henry Frottey, der berühmte Privatdetektiv – in dieser altehrwürdigen Jugendherberge und inspizierte sein Zimmer auf Wanzen, Bomben und Eskimos. Eskimos waren beliebte Attentäter zu der Zeit. Natürlich rechnet niemand damit, von einem dieser drolligen Kobolde angegriffen zu werden und genau das machte sie so verdammt gefährlich.

Anscheinend war aber alles zu seiner vollsten Zufriedenheit hergerichtet worden. Man hatte ihm sogar die 300 Ü-Eier und die eine Million Snickers in die Minibar gelegt, wie er es angeordnet hatte. Henry dachte nicht daran, auch nur eine der Süßigkeiten zu essen. Nein, er wollte sie nur in seiner Nähe wissen, falls er plötzlich ausgewählte Szenen aus dem Film 300 nachspielen wollte. Nur dafür hatte er sich überhaupt Urlaub genommen …

Doch halt! Was war das?! War das etwa ein Mord? … Nein. Das war nur eine Visitenkarte, die auf seinem Hochbett lag. Darauf stand: „Willkommen in der Jugendherberge Wüppenhorst, Mr. Frottey." Das konnte doch nicht wahr sein! Henry ärgerte sich, dass sein Name wie Handtücher klang. Gerade wollte er das Kärtchen zerknüllen, da hörte er einen Schrei, wie ihn eine Frau mit dem Vornamen Sändi ausstößt, die sich im Bad die Zähne putzen will, dann aber überraschend von einer 1,86 m großen, 73 kg schweren Person mit schwarz gefärbten Haaren mit einem Nagelknippser das Rückgrat durchgeknippst bekommt. Henry konnte über 9000 verschiedene Mordszenarien am Geräusch unterscheiden – quasi jedes Instrument aus der Symphonie des Todes heraushören.

Kurz überlegte er, ob er der Person helfen sollte, die da geschrien hatte, doch dann legte er sich auf sein Hochbett und schlief sofort ein. Jemandem, der so einen Schrei ausstieß, war auch nicht mehr zu helfen. Da brachte es gar nichts, wenn er jetzt rumstresste.

Als er wieder erwachte, fühlte er sich ganz kribbelig. Er hatte auf seinem Arm gelegen, daraufhin war erst dieser eingeschlafen und dann ... sein restlicher Körper. Außerdem hatte er geträumt, dass er auf dem Gasometer in Oberhausen stand und auf einem irrwitzig kleinen Dudelsack „Pokerface" von Lady Gaga spielte. Dann hatte es angefangen, Batterien und Döner zu regnen, worauf Henry die Hose runterließ, im Kreis pinkelte und rief: „Tsk! Tsk! Tsk! Ich bin ein Rasensprenger!"

Henry träumte immer einen Kack, das war unglaublich. Ob das wohl damit zusammenhing, dass er als Kind viel Bronchitis hatte? Damals hatte er oft mit einem Handtuch über einer dampfenden Schüssel gehangen und inhaliert. Henry konnte sich nicht dafür verbürgen, was seine Mutter sonst noch hineingetan hatte. Die war nämlich ein komischer Vogel. In Wahrheit war sie ein weiblicher Albatros – eine Albatrine, aber das gehört jetzt nicht hierher.

Der Privatdetektiv sah auf die Uhr. Mist. Gleich zehn. Er musste sich beeilen, wenn er rechtzeitig im Speisesaal ankommen wollte. Sein Rhythmus durfte nicht gestört werden. Henry aß stündlich, ganz egal was, damit, wenn jemand ertrank, er sagen konnte, dass er noch nicht wieder ins Wasser dürfe. Immerhin war er Detektiv und kein Rettungsschwimmer.

Hastig verließ Henry sein Zimmer. Vor dem Klo auf dem Flur hatte sich eine Traube aus Gästen der Jugendherberge gebildet. Sie schmeckte vorzüglich. Die Leute starrten in den Waschraum, in dem eine Frauenleiche lag. Jemand rief: „Ist ein Arzt anwesend?"

„Ja!", kam es aus der Menge.

„Gott sei Dank", sagte der erste, holte ein Klemmbrett hervor, machte einen Haken darauf und fragte: „Ist ein Maurer anwesend?"

„Ja!", antwortete ein anderer.

„Ausgezeichnet! Ist ein Zoowärter anwesend?"

„Hier", meldete sich ein Mann. Er hatte keine Arme und Beine.

Heimlich versuchte Henry, sich an der Meute vorbei zu schleichen, jedoch erkannte ihn eine x-beliebige Frau: „Entschuldigung, sind Sie nicht der berühmte Privatdetektiv Henry Frottey?"

„Das sagen sie alle!", antwortete Henry und ärgerte sich, dass sein Name wie Bademantel klang.

Vollkommen unbemerkt schlich er weiter, bis er den Frühstücksraum erreicht hatte. Am Tisch gegenüber lästerten zwei Frauen über ihn, aber es war okay, denn sie benutzten die Gebärdensprache und Henry verstand nicht.

Trotzdem regte er sich auf. Er schrie durch den Raum: „Wer gebärt, der lügt!", dann fiel ihm jedoch ein, dass sie ihn ja gar nicht hören konnten. Wütend bewarf er sie mit Islam und zack! Burkas.

Die Frauen waren nun verhüllt und konnten nicht mehr verstehen, was sie sich deuteten. Es war, als würden zwei Gespenster einen komplizierten Ghetto-Handschlag aufführen, dachte der Detektiv und machte sich auf zur Bushaltestelle vor dem Haus.
Lange Zeit stand er da, ohne dass sich ein Bus näherte. Gerade, als ihn die Langeweile zu übermannen drohte, ging eine sehr, sehr hässliche Frau vorbei und Henry dachte:

Hoffentlich

…

macht die das nicht noch mal.

Als nächstes zog eine Frau im roten Cocktail-Kleid seine Aufmerksamkeit auf sich. Ein rotes Kleid? Das verwunderte den Detektiv, denn eigentlich spielte diese Geschichte in schwarz-weiß, der Stimmung wegen. Die Frau war aber sehr dick. Tatsächlich trug sie das Cocktail-Kleid nur am linken kleinen Finger.

Henry stieg in die Dicke ein. (Hä?) Er hatte sie mit dem Bus verwechselt. (Aha, so klärt sich das.) Das tat ihm echt leid und er wollte sich gerade entschuldigen, doch da merkte er, dass die Frau innen wie ein Raumschiff ausstaffiert war! Maschinenraum, Brücke, Holodeck – alles da! Er startete sie und flog mit ihr in den Weltraum davon. Dabei drang die Dicke in Galaxien vor, die noch nie ein Privatdetektiv zuvor gesehen hatte …

Lisa Christ

aus Bern
Slam-Geburtstag: 25.05.07 (Olten)
Lieblingsblume: Orchidee

(Foto: Marcello Engi)

Generation Hirntot

Da steh ich nun vor meinem Spiegelbild, ein gezeichnetes Gesicht – jung und viel zu alt. Schatten unter meinen Augen, Ritzen voll mit Make-up-Resten, Rotze unter meiner Nase, Schweiß und Tränen.

Ich werde gehen, wie wir alle gehen, ein Strom aus grauem Undefiniertem, jeden Abend in Glitzer gehüllt und doch so matt und glanzlos. Ich ersetze die Farbe in mir drin mit der Neonschrift auf deinem Shirt, das ich dir auszieh, wenn ich Ersatz suche für die Liebe, die ich mir selbst nicht geben kann. Suche in den Stunden mit einem Fremden die Geborgenheit, die ich mir selbst verwehre, weil ich mich nicht kenne, weil ich mir fremd bin. Doch mein Herz schlägt.

Generation ...

Einfach pumpen, einfach rein damit, da geht noch mehr, einer, einer geht immer noch. Saufen, rauchen, kiffen, tanzen, saufen, rauchen, kiffen, tanzen, saufen, rauchen, kiffen, tanzen – dein Körper schreit aus jeder Pore, doch die Musik ist lauter. Und du merkst nicht, wie du wegdriftest, wie du abschweifst, wie du dich verlierst, wie du aus deinem Körper weichst, und zurück bleibt nur die leere Hülle. Die saufende, rauchende, tanzende Hülle.

Generation ...

Was, wenn du bemerkst, dass es besser ist, nichts zu sehen, als das, was dir die Welt zeigt? Was, wenn die Augen zu schließen der einzige Weg ist, Frieden zu finden? Was, wenn du da stehst, und nichts, einfach gar nichts verstehst? Weil du nicht verstehen willst? Wenn du Angst hast zu sehen, zu fühlen, dich zu erkennen. Du bist ohnmächtig in der Welt, ohnmächtig gegen all die Räusche, all die Drogen, all die Dinge, die du willst und nicht kriegst, die du begehrst, und nicht mal weißt, warum.

Deine Ohren taub von zuviel Gehörtem, deine Lunge schwarz von zuviel Inhaliertem, dein Herz leer von zuviel Falschheit. Nichts gelangt bis an dich dran, weil du keine Substanz in dir trägst, weil du nichts mehr mit dem anfangen kannst, was von dir übrig ist. Dein Hirn tot – ausgeschaltet aus Selbstschutz.

Generation ...

Wieso nicht einfach treiben lassen, auf den Wellen der Musik, dem Teppich des Beats? Deine Herzschläge werden ersetzt, du fließt einfach mit und breitest deine Arme aus. Die Wärme des Rausches in dir, du bist high, high, high genug um dich sicher zu fühlen, um dich zu öffnen, um zu zeigen, wer du sein könntest, wer du sein kannst, wer du nicht bist. High genug um zu vergessen, dass man von so weit oben nicht nur weit sieht, sondern auch verdammt weit runter auf die Fresse fallen kann. High und geborgen. Bis zum nächsten Morgen, und der kommt bestimmt.

Du hast aufgehört, dir Dinge zu überlegen, weil du bemerkt hast, dass alles, was dabei rauskommt, dir völlig gleichgültig ist. Du hast aufgehört, dir Gedanken zu machen über Richtig und Falsch, über Liebe und Leben, über dich. Du siehst im Spiegel einen Fremden und fragst dich, wie es so weit kommen konnte? Du lebst, und doch stehst du innerlich still, kommst keinen Schritt weiter, drehst dich wie im Hamsterrad immer im Kreis und weißt nicht, wie ausbrechen aus diesem Dilemma, aus dieser Musik, aus dieser Party, aus diesem Rausch, indem du dich immer wieder verlierst, indem du dir entgleitest und einfach nichts dagegen tust.

Generation ...

Da stehst du nun, vor meinem Spiegel. Schatten unter unsren Augen, Ritzen voll mit Schweiß und Tränen, weil uns bewusst wird, *wo* wir stehen, nach leeren Nächten und schwarzen Tagen, nach heißkalten Lüsten und falschen Hoffnungen. Doch unsere Herzen schlagen im Takt.

Lass uns doch mal zu diesem Takt tanzen, und vergessen, was man von uns erwartet. Lass uns mal die eisige Winterluft atmen statt Rauch. Lass den

Wind unser Hirn durchputzen und unsere Synapsen frei fegen. Lass uns unsere Ängste vergessen. Komm, wir stellen uns. Wir stellen uns unseren Wünschen und Träumen, wir stellen uns der Realität, die uns mehr zusetzt als jede Droge der Welt. Lass uns mal der Ruhe lauschen und unseren Herzen zuhören, wie sie uns am Leben halten. Und dann lass uns mal dahin gehen, wo's einfach leer ist, und wo's einfach nichts, einfach nichts, einfach gar nichts gibt, was uns von uns ablenkt. Und dann liegen wir da. Lerne dich kennen – und ich mich. Und dann lass uns voneinander erzählen.

Lass uns atmen.

Und du wirst bemerken, wie der Rausch der Wirklichkeit einsetzt, wie die Wahrheit dich benebelt und wie die kalte Luft deine Lunge schneidet. Und wenn das weh tut, dann ist das der Trip, der Trip, der einsetzt, dann ist man noch nicht ganz Hirntot.

Robin Isenberg

aus Berlin
Slamgeburtstag: 15.10.09 (Kreuzberg)
Lieblingsfrucht: Nektarine

(Foto: Heike Kölzer)

Gib mir einen Grund, der mich hier halten kann

Hier hält mich nicht viel. In den vier Wänden, die du zuhause nennst und ich nur Unterschlupf. In denen du mich halten willst, weil du merkst, ich find den Weg hier raus, denn meine Nabelschnur brennt. Ich hab den Kontakt nicht verloren, ich hab ihn aufgegeben. Das ist keine Signalstörung. Das ist ein Funkloch.

Gib mir einen Grund, der mich hier halten kann. Und ich verzichte auf alles, und auf den Abgesang. Gib mir einen Grund, dass ich das zu Hause nenn, und ich bekenn mich dazu und hör auf, davonzurennen.

Meine Stimme ist kein Wort mehr wert, denn meine Lippen sind versiegelt.

Ich bin sichtlich vernichtet, gehangen und gerichtet, am Galgen gewesen, in Gruben gelegen, aber das interessiert dich nicht. Ich bin das Stehen zu müde, denn ich bin mit dem einen Bein im Schlamm und dem anderen im Teer. Versuch, mich an irgendwas zu krallen und greif viel zu hoch und in die Luft. Ich steh zwischen Selbstzweifel und Selbstbegreifen.

Und du hältst mich nicht fest, weil du in deiner Welt versickerst und mir Freiheit geben willst. Aber du siehst die Fakten nicht. Ich kann hier nichts anfangen. Gib mir einen Grund, der mich hier halten kann.

Denn manchmal fühl ich mich innerlich flackernd wie Flimmerlicht und regelrecht kümmerlich, ich nenn das Zimmer nicht Zuhause, weil ich hier und da eine Nacht verbring, die einer Rast entspringt, das Pflaster winkt und ich hau wieder einmal ab von den vier Wänden, wo oben und unten fehlt und ich nur Runden dreh, die sich im Kreis verlaufen. Ich brauch das nicht. Hier gibt es nichts, das mich hält. Und falls es dir noch nicht bekannt ist, du fällst. Zieh dir den Stock aus dem Arsch, ich komm aus der Schnur nicht mehr raus. Der Takt wiederholt sich, der Tag wiederholt sich und ich geh mir fremd, doch meine Nabelschnur brennt. Brennt und hinterlässt nur Asche und Ruinen, meine Masche ist das Fliehen, vor mir selbst und dem Alltag.

Mein Herz weiß, es ist nicht einmal Ikarus.
Nicht einmal Flügel aus Wachs halten es an seinem Platz.
Sag meinem Verstand, hör nicht auf dein Herz.
Sag meinem Verstand, er hat alles unter Kontrolle.

Sieh, wie ich täglich tippelnd, taumelnd, strauchelnd vorwärts falle. Wie ich wahrlich alles, was wahr ist, für mich behalte. Ich nenn dich nicht Vorbild.

Ich würde lügen, sag ich, ich bin glücklich,
denn für mich ist nur Platz auf dem Rücksitz.

Lenkst dein Leben und vergisst, in den Spiegel zu schauen. Du lenkst mein Leben und lässt dich im Kofferraum liegen. Du fährst mich an die Wand und uns in ein Loch. Meine Stimme ist kein Wort mehr wert, meine Augen sind matt und farblos und ich frag bloß, bist du tatenlos?

Was willst du mir in meiner Lage raten? Nichts außer labernden Fragen, die sich nicht mit mir beschäftigen. Du solltest eigentlich wissen, was mir am Herzen liegt. Dir fällt nicht auf, wenn ich da bin, aber du weißt, wenn ich weg bin und du scheißt auf mein Wechseln zwischen hier und zu Hause.

Ich glaube, meine Nabelschnur brennt und ich will aus meiner Haut raus, all die Fesseln lösen, all die Grenzen brechen, aus dem Negativbild in die Farbansicht wechseln. Ich will jede Ader durchbrechen und mit Flügeln über Kissen und Decken und Träume hinaus stürmen.

Doch mein Herz weiß, es ist nicht Ikarus.
Nicht einmal Flügel aus Wachs halten es an seinem Platz.
Nicht einmal Flügel aus Holz machen es strahlend wie Gold.

Und meine Flügel aus Holz haben Feuer gefangen, denn meine Nabelschnur brannte und trennte sich von mir. Nun stürz ich ab, weil du sie nicht löschen konntest.

Es muss immer Radau sein, immer schön drauf zeigen, immer voll blau sein und immer im Rausch sein. Dieses Lauschgift macht noch meine Ohren blind, meine Augen taub, meinen Mund gelähmt und den Verstand so laut. Meine Stimme ist kein Wort mehr wert. Du hörst nicht auf mich, denn du hörst mich noch nicht. Du bist viel zu abgelenkt, wie schön doch meine Flügel brennen oder schmelzen können und merkst nicht, dass nicht nur meine Nabelschnur brennt, sondern auch jede Schnur,des Kabinetts, die mich in den vier Wänden hält. Und falls du es nicht gemerkt hast: du fällst.

Wände zu haben heißt, nicht zu wissen, wo oben und unten ist.
Du lässt dir viel zu viel Zeit, aber jede Sekunde tickt.

Gib mir einen Grund, der mich hier halten kann und ich klebe die Fäden noch heute zusammen.
Und es geht unser Leben nicht auseinander.
Gib mir einen Grund, der mich hier halten kann.

Julia Balzer

aus Frankfurt
Slam-Geburtstag: 19.11.10 (Bad Nauheim)
Lieblingsfarbe: orange

(Foto: Thomas Schmidt)

Ein Text für alle Weltverbesserer
– also vor allem für mich

Du glaubst, du hast alles verstanden,
und weil dich alle immer toll fanden,
glaubst du, du könntest jeden Treffer landen,
und erzählst jedem, du hättest schon immer in der
ersten Reihe gestanden.

Du erzählst jedem von deinen
Weltverbesserungstheorien,
unterteilst alle Menschen in deine
eigenen Kategorien
und präsentierst sie dann im Kreis deiner Zuhörer
und deiner sogenannten „Mitverschwörer".

Und da macht ihr euch dann über
alles und jeden Gedanken,
fasst Vorurteile und Urteile ohne zu wanken
und sagt allen, dass sie dies oder jenes
hätten machen sollen,
dass nicht immer alle machen sollen was sie
wollen,
dabei findet ihr es bloß ungerecht,
dass sie euch keinen Respekt mehr zollen,
denn ihr seid ja die Tollen.

Und du machst da mit,
bringst andere einfach so zum Spaß aus dem Tritt,
um zu sehen wie andere fallen,

damit ihre Stürze in deinem Kopf nachhallen
und du dich daran erinnern kannst,
wie du einst gefallen bist
und gleichzeitig daran denken kannst,
wie gerecht die Welt doch nun wieder ist.

Denn eigentlich bist du die gescheiterte Existenz,
hattest mit allem und jedem immer irgendeine Differenz
und irgendwann war dann Schluss,
und du saßt alleine in deinem Weltverbesserer-Bus.
Du musstest auf einmal deine eigene Route finden,
musstest deine Theorien mal an Praxis binden
und das war dir dann zu viel,
denn für dich ist das ganze Leben ja nur ein Spiel.

Und nun schaust du zu,
wie andere Menschen scheitern,
rennst absichtlich frontal gegen Karriereleitern,
um allen zu zeigen, dass die Welt ungerecht ist
und wie schnell man den Einzelnen in dieser Welt doch vergisst.

Du willst jetzt auch ein Buch schreiben,
nicht um auf deiner Karriereleiter
wieder nach oben zu steigen,
sondern um die Welt von ihrer
eigenen Ungerechtigkeit zu überzeugen
und um sie deinem Urteil zu beugen.

Und du glaubst ja, dass du so deep bist,
und deine Gedanken so viel Tiefgang haben,
dabei haben sie nur beständig an Niveau verloren.
Und du glaubst, nur weil sie dir einst das Abitur
mit Auszeichnung gaben,
würdest du alles verstehen. Aber das was du
verstehst, das hören andere Menschen auch mit
zugehaltenen Ohren.

Denn aus dir schreit nur die Gier des kleinen
Kindes, dem man sein Spielzeug nahm,
und du sagst das ja auch ganz ohne Scham,
dass du der Welt etwas beweisen willst,
indem du auf ihren Grundfesten
und ihren Mauern chillst,
um allen deine Überlegenheit zu zeigen
und den Kopf auf alle anderen da unten
nur herunterzuneigen.

Und weil dir nichts etwas gebracht hat,
versuchst du es nun auf andere Art,
bringst neue Argumente an den Start,
und versuchst, zu polarisieren
und dich damit bis ins Unendliche zu idealisieren.

Und sagst, du seist für Frieden.

Und was soll man darauf schon entgegnen,
denn es wird ja gleich Hass und Verachtung regnen,
wenn man da mal kritisch nachfragt,
wie du dir das denn so vorstellst,

ob du dann mal kurz bei einer
Terrororganisation schellst
und sagst, dass es so ja wohl nicht weitergeht, weil
ja unschuldige Menschen sterben,
und sie doch bitte aufhören sollen, neue Mitglieder
in pakistanischen Mittelklassefamilien zu werben.

Aber das verstehst du nicht,
denn es geht dir nur um die Wahrung
von deinem eigenen Gesicht
und du polarisierst weiter und sagst, du seist auch
für Gerechtigkeit!

Und wenn ich dich dann frage
„Wie soll man Gerechtigkeit denn überhaupt
definieren?",
dann siehst du es nicht als deine Berufung an,
deine Zeit in solch unwichtige Nebenfragen
zu investieren,
sondern bist sofort bei der nächsten Idee,
schreibst gerade ein ganzes Roman-Exposé
über einen Helden, der die Welt bekehrt
und sich dabei überhaupt nicht um sein eigenes
Wohlergehen schert
und über Menschen, die die Ungerechtigkeit
nicht sehen wollen
und immer nur den falschen Menschen immer
weiter ihren vollen Respekt zollen.

Und wenn ich dich dann frage,
oder dir nur mal ganz still und leise sage,
dass es doch vielleicht manchmal auch okay ist,
mit ein bisschen Ungerechtigkeit zu leben,
denn die absolute Gerechtigkeit wird es doch
sowieso niemals geben
und ob es nicht gut wäre,
wenn du dir wieder einen Job suchst,
vielleicht mal einen kleinen Urlaub
mit deiner Familie buchst,
um dann wieder von deinem sogenannten
„Weltschmerz" abzukommen,
dann lächelst du nur – von deiner letzten Sauftour
mit deinen Kumpels noch immer benommen –
und fragst mich, warum denn alle
so gemein zu dir sind,
und ob denn das, was die Jungs damals auf dem
Schulhof immer gesagt haben, stimmt
und du wirklich ein Loser bist,
und wer denn eigentlich das Loser-Potential im
Leben misst.

Und ich antworte dir – nichts.

Weil ich es selber nicht weiß
und gerade erkennen muss,
dass auch bei mir irgendwann, und wahrscheinlich
schon sehr früh, Schluss
und Ende ist mit meiner Weisheit.

Und du sagst, du wolltest doch immer nur
so sein wie alle anderen,
wolltest einfach nur geradeaus
den Mainstream-Weg hinunterwandern
und trotzdem bist du ständig angeeckt
und alle haben immer neue Fehler an dir entdeckt.

Und ich bezeichnete dich vor kurzem noch
als gescheiterte Existenz,
mit allem und jedem in Differenz,
aber vielleicht nur, um von der erschreckend
kleinen Differenz zu mir selber abzulenken
und mal an was Anderes
als mein eigenes Leben zu denken.